CONOCE SU CORAZÓN, CONFÍA EN SU MANO

CONOCE SU CORAZÓN, CONFÍA EN SU MANO

Aprende a caminar por fe en senderos oscuros

OSCAR AROCHA

BRENTWOOD, TENNESSEE

Conoce Su corazón, confía en Su mano: Aprende a caminar por fe en senderos oscuros

B&H Publishing Group
Brentwood TN, 37027

Diseño de portada: Micah Kandros Design

Clasificación decimal Dewey: 231
Clasifíquese: DIOS \ CREENCIA Y DUDA \ CONFIANZA

ISBN: 979-8-3845-3194-4

Impreso en EE. UU.
1 2 3 4 5 * 30 29 28 27 26

Índice

Capítulo I

Bueno es confiar en Dios

Jeremías escribe palabras sumamente amargas en el libro de Lamentaciones y puede notarse que aun hombres buenos y sabios llegan a equivocarse sobre la realidad de su situación. Siempre será difícil entender si está bien sentirse mal o está mal sentirse bien. El profeta describe así su condición: «Yo soy el hombre que ha visto la aflicción a causa de la vara de su furor» (Lam. 3:1). Es como si dijera que el Señor dejó de amarlo y lo trataba con ira. No solo eso, sino que agrega que Dios no atendió sus oraciones y le trastornó su andar diario:

Aun cuando clamo y pido auxilio,
Él cierra el paso a mi oración.
Ha cerrado mis caminos con piedra labrada,
Ha hecho tortuosos mis senderos
Él es para mí como oso en acecho,
Como león en lugares ocultos.
3:8-10

Este hombre se sintió tan indefenso como cuando uno se topa en la selva con una fiera y tiembla de miedo ante la espera del desenlace mortal. El miedo mortal no era su única preocupación. También acusó a Dios de convertirlo en burla de sus vecinos. Sufría dentro de su hogar y también en las calles: «He venido a ser objeto de burla de todo mi pueblo, su canción todo el día» (v. 14). En su desesperación perdió la noción de bienestar:

Y mi alma ha sido privada de la paz,
He olvidado la felicidad.
Digo, pues: «Se me acabaron las fuerzas,
Y mi esperanza que venía del SEÑOR».
3:17-18

Se sintió realmente muy mal, pero podríamos preguntarnos «¿Estaba realmente mal o solo se sentía mal?». Yo creo que se sentía mal porque en verdad su realidad era otra. Jeremías estaba siendo llevado al lugar más excelente al que puede ser llevado un ser humano sobre esta tierra, es decir, recibir como porción la misma persona del Creador:

«El SEÑOR es mi porción»,
dice mi alma,
«Por tanto en Él espero».
Bueno es el SEÑOR para los que
en Él esperan,

Para el alma que lo busca.
Bueno es esperar en silencio la salvación
del SEÑOR.
Bueno es para el hombre llevar
El yugo en su juventud.
3:24-27

Uno lee ese pasaje y puede exclamar que es bueno saber que Dios escoge por sus elegidos y no deja que ellos escojan por sí mismos su tesoro. A pesar de su desconsoladora experiencia, Jeremías aprendió que hay una dicha inefable para quien busca a Dios con todo el corazón, porque será colmado de bondad, protección y refugio:

Bueno es el SEÑOR para los que en Él esperan,
Para el alma que lo busca.
3:25

En estas palabras observamos tres asuntos: en primer lugar, nos encontramos con una proposición, una declaración sobre el carácter de Dios: «Bueno es el Señor». En segundo lugar, nos encontramos con los beneficiarios de Su bondad: «Para los que en Él esperan». Finalmente, se resalta la conducta detallada para el que reciba ese inmenso beneficio: «Para el alma que lo busca». Estos tres aspectos pueden ser reducidos a solo dos. Por un lado, se encuentra la bondad del Creador, y por el otro lado, la riqueza gloriosa de poner nuestra confianza en Él. De eso hablaremos a continuación.

La gran bondad del Creador

No tengo mucho que decir al respecto porque el énfasis del pasaje no está en la bondad de Dios como tal, sino que el profeta la proclama como una excelencia obtenible, algo maravilloso a nuestro alcance y, más precioso aún, porque nos indica qué hacer para alcanzarlo, es decir, buscarlo con toda nuestra alma. Es importante en este momento enfatizar que la fe cristiana se apoya en dos grandes columnas: el poder y la bondad de Dios.

Su poder divino puede resumirse en la expresión del salmista: «Todo cuanto el Señor quiere, lo hace, en los cielos y en la tierra, en los mares y en todos los abismos» (Sal.135:6). No hay dolor, pecado o debilidad tan grande en los seres humanos que Dios no pueda perdonar o sanar; si está en Su voluntad, lo hará. La lectura de Lamentaciones nos permite notar que Jeremías clamaba y gemía por el favor divino, porque si Su favor estaba con él, también estaría Su poder. El bien ya sería nuestro, porque bastaría que el Señor lo quiera para que sea hecho. Eso es lo que hizo por nosotros el día que oímos Su evangelio, porque descubrimos, «y cuál es la extraordinaria grandeza de Su poder para con nosotros los que creemos, conforme a la eficacia de la fuerza de Su poder» (Ef. 1:19). Dios emplea el poder de Su fuerza con suprema grandeza cuando Dios hace nacer de nuevo un corazón humano. Su gloria es salvar al impío que cree en Jesucristo. Por esta razón, el profeta define como locura el no confiar en el Señor:

Así dice el Señor:
«Maldito el hombre que en el hombre confía.
Y hace de la carne su fortaleza,
Y del Señor se aparta su corazón».
Jeremías17:5

Consideramos como demencia agravada el que un loco confíe en otro loco. También es la misma enajenación que un alma sedienta procure guardar agua en una cisterna rota. Por eso, lo primero que debemos reconocer es que somos seres dependientes y, si hemos de confiar, lo más sabio es ir a la fuente del poder y la bondad. No debemos apoyarnos en hombres débiles si tenemos a un Dios omnipotente o, dicho de otro modo, Dios te dio fe en Cristo usando el poder de Su fuerza con extraordinaria grandeza. Por lo tanto, si estás en aprietos menores, lo más sabio es confiar en el Señor y esperar en Él.

La omnipotencia de Dios siempre se deja ver con mayor claridad en la extrema necesidad, tal como en el caso de Abraham cuando estuvo a punto de ofrecer a su propio hijo en sacrificio: «Entonces Abraham alzó los ojos y miró, y vio un carnero detrás de él trabado por los cuernos en un matorral. Abraham fue, tomó el carnero y lo ofreció en holocausto en lugar de su hijo» (Gén. 22:13). El patriarca no confió en su propio poder para traer a la vida a Isaac. Era algo que solo Dios podía hacer. La salvación es por gracia mediante la fe, es decir, dejar de confiar en nosotros para confiar en Dios mismo. La fe obra mejor cuando quedamos sujetos a ella y contamos más con Dios y menos con nosotros, las circunstancias o las criaturas.

Dicen por allí que lo último que se pierde es la esperanza, pero Dios actuó en su favor cuando el profeta perdió la suya. Dios obró y de manera justa cuando Jeremías estaba de lo más desalentado:

Y mi alma ha sido privada de la paz,
He olvidado la felicidad.
Digo, pues:
«Se me acabaron las fuerzas,
Y mi esperanza que venía del Señor».
3:17-18

Solemos pasar de lo ridículo de nuestras debilidades a lo sublime de la grandeza de Dios que aparece para socorrernos. Todo lo que el Dios omnipotente quiere, lo hace, y lo hace más todavía cuando Sus hijos no pueden hacerlo o están en extrema necesidad.

La bondad del Señor es evidente a lo largo de toda la Escritura. Jeremías proclama que todo el que se acerque al Señor lo haga con un profundo reconocimiento de Su bondad. Tener una noción vaga, débil o una mera opinión humana de la bondad de Dios no nos permitirá gozar de Su poder. La razón para el requerimiento de tal reconocimiento radica en que la bondad del Señor es la vida o esencia de nuestra fe. Confiamos en Dios porque sabemos que Él es bueno y Jeremías lo escribió con el fin de que nuestras vidas anden por fe, confiados en la bondad de Dios, y quiere evitarnos que entremos por la senda en la que antes estuvo, donde bebió mucha amargura.

Otro profeta explica esta misma verdad con mayor claridad: «Bueno es el Señor, una fortaleza en el día de la angustia, y conoce a los que en Él se refugian» (Nah.1:7). Tomen en cuenta el orden propuesto por el profeta cuando señala que Dios es bueno y el resultado es que será para el creyente «fortaleza en el día de la angustia». No está diciendo que hará desaparecer la adversidad, sino que te hará fuerte para enfrentarla y traerle así más gloria al Señor. Considerar con fe la bondad divina no solo sostiene al creyente, sino que además lo capacita para mejorar su obediencia, como dice el salmista: «Bueno eres Tú, y bienhechor; enséñame Tus estatutos» (Sal. 119:68). También es un remedio eficaz para combatir los malos pensamientos: «No te acuerdes de los pecados de mi juventud ni de mis transgresiones; acuérdate de mí conforme a Tu misericordia, por Tu bondad, oh SEÑOR» (Sal. 25:7).

Cuando a David lo asaltaban los recuerdos amargos de sus grandes y muchos pecados, no dudaba en ir de inmediato en oración hacia el Señor y se estacionaba, por así decirlo, bajo la puerta de la gran bondad de Dios. Es beneficioso que tomemos con sumo cuidado la propuesta de Jeremías y busquemos diligentemente conocer la bondad del Redentor porque, como dice Pablo en el lenguaje cotidiano del diario vivir: «Y sabemos que para los que aman a Dios, todas las cosas cooperan para bien, esto es, para los que son llamados conforme a Su propósito» (Rom. 8:28).

La riqueza gloriosa de confiar en el Señor

Ya tenemos bastante claro que Dios favorece a los que confían en Él. No puedo dejar de recalcar que «esperar en Dios» es el remedio contra la amargura o el ajenjo que se derrama durante los tiempos de aflicción. Aquí es necesario unir el objeto con la acción. Dios es el objeto y la acción que se requiere de nosotros es esperar en Él. El fruto que esperamos por fe es recibir de Su bondad a través del mismo Señor. En otras palabras, si esperamos en Dios uniremos nuestra alma con Su bondad y si Dios es bueno, entonces estamos recibiendo a Dios mismo.

Existe una diferencia entre la fe en Dios y esperar en Dios, aunque con frecuencia son términos equivalentes en la Biblia. La fe es confiar en Su Palabra y en Sus promesas, mientras que esperar es aguardar el bien prometido. También podría decir que la «confianza» se apoya en la autoridad o capacidad de quien promete, mientras que «esperar» se fija en la bondad de la promesa. La confianza percibe el asunto delante de sus ojos al presente. En cambio, el que espera aguarda para después con el ingrediente de seguridad que da la fe o la confianza. El alma del creyente se une con el Creador a través de la confianza. Por eso Jeremías decía: «Bueno es el SEÑOR para los que en Él esperan». Lo que nos une con nuestro Dios bueno es este acto de espera en nosotros, el cual brota de la confianza en la promesa del Señor bueno.

Esperar en Dios es un remedio eficaz contra toda turbación de la mente. Pensemos por un momento en las circunstancias de Jeremías. El profeta vio a su nación asolada, Jerusalén destruida, el templo arrasado y la sociedad desmembrada. Él mismo, un hombre santo y bueno, no pudo escapar de sufrir una profunda aflicción en su alma, al punto que le pareció que Dios era su enemigo: «Él me ha llenado de amargura, me ha embriagado con ajenjo» (3:15). Jeremías acusa a Dios de su calamidad y es como si hubiera perdido el buen juicio, pero luego cambia y dice: «Bueno es el SEÑOR para los que en Él esperan». Las circunstancias eran tan estresantes que primero se atrevió a ver al Señor como su enemigo, pero luego de reflexionar, ahora reconoce al Señor como su mejor amigo. ¿Qué lo cambió? La esperanza, esperar en Él.

Solo Dios mismo es el objeto apropiado de nuestra confianza, pues tiene los atributos, el poder y el carácter para que podamos confiar en Él de todo corazón. Dios es omnipotente y bueno. Podemos estar desconsolados y no ver el consuelo por ninguna parte. Sin embargo, Dios puede crearlo con Su bondad y poder para refrescar nuestras almas y proveernos alivio y descanso. La aflicción y el desconsuelo son períodos de la vida adecuados para confiar en Dios.

El misterio de la Santa Trinidad es tres personas distintas y un solo Dios verdadero. El Padre es el Creador, el Hijo es el Redentor y el Espíritu Santo es el Consolador. El santo Consolador toma las palabras del Padre, la obra del Hijo y favorece a todos y cada uno de los creyentes. Las tres personas de la Trinidad apuntan a nuestro bien, porque Dios es bueno para los que en Él esperan.

Quizás hasta este momento estás pensando que es apropiado confiar en el Señor, pero creo que también es necesario confiar en Su bondad, porque el fundamento de nuestra confianza en Dios es doble: en primer lugar, Dios se ha revelado por medio de Su Palabra y nos ha dejado palabras muy claras: «Bueno es el SEÑOR para los que en Él esperan». Su persona omnipotente y Su Palabra prometen una catarata de bondad a los que esperan en Él. Nadie puede confiar en el Creador a menos que lo conozca y sepa lo que ha prometido. Jeremías era consciente de la confiabilidad de Dios porque el mismo Señor le había revelado esta promesa en

Cristo: «Haré con ellos un pacto eterno, de que Yo no me apartaré de ellos para hacerles bien, e infundiré Mi temor en sus corazones para que no se aparten de Mí» (Jer. 32:40). Analicemos por un momento la confianza desde una perspectiva positiva y también una negativa.

La confianza en uno mismo es siempre peligrosa. Nadie se sorprenda de que aun grandes héroes de la fe hayan estado inclinados a confiar en que ellos mismos podían ser capaces de hacer la obra de Dios. Pablo llegó a ser tentado con el pensamiento de que era un excelente santo, olvidando así que no era más que un simple hombre. El Señor tuvo que intervenir para que no perdiera la cordura: «Y dada la extraordinaria grandeza de las revelaciones, por esta razón, para impedir que me enalteciera, me fue dada una espina en la carne, un mensajero de Satanás que me abofetee, para que no me enaltezca» (2 Cor. 12:7). Pablo era muy sabio, pero también muy humano, y por eso olvidó que en su ser habitaban dos principios, la corrupción natural y la gracia. Esta inclinación se hace evidente cuando en otro lugar de la misma carta escribe: «De hecho, dentro de nosotros mismos ya teníamos la sentencia de muerte, a fin de que no confiáramos en nosotros mismos, sino en Dios que resucita a los muertos» (2 Cor. 1:9). Podemos pensar que esperamos en Dios sin que sea cierto. Además, las riquezas también pueden generar un falso sentido de confianza, porque hasta David dijo: «En cuanto a mí, en mi prosperidad dije: "Jamás seré conmovido"» (Sal. 30:6). Los cristianos con demasiados dones y talentos, y también los que son ricos materialmente están expuestos a este peligro. Es difícil ver el riesgo en algo que Dios mismo da en abundancia para satisfacer nuestras necesidades y por eso es relativamente fácil levantar un edificio de falsa esperanza.

Estamos inclinados equivocadamente a confiar más en las criaturas que en el Creador. Es cierto que las cosas de esta vida son útiles, facilitan y suplen nuestras necesidades, por lo que se hace muy difícil detectar el peligro. Un niño no puede ver peligro en su leche, pero si la tomara en exceso, podría matarlo. Así lo explica el apóstol: «Porque todo lo creado por Dios es bueno y nada se debe rechazar si se recibe con acción de gracias» (1 Tim. 4:4). «A los ricos de este mundo, enséñales que no sean altaneros ni pongan su esperanza en la incertidumbre de las riquezas, sino en Dios, el cual nos da abundantemente todas las cosas para que las disfrutemos» (1 Tim. 6:17). El problema radica en que no podemos olvidar que hay un diablo que excita nuestra imaginación y nos lleva a ver más bondad en las criaturas que en el Creador. Eso nos inclina a amar esas cosas más que a Dios. Por ejemplo, el mal no reside en la lactosa, sino en el estómago que no la digiere. Es fácil ver bondad en el dinero, honra y placeres terrenales, pero es sumamente difícil ver deleite en el Paraíso prometido. La mente natural está muy familiarizada con las cosas de este mundo y se necesita un alto grado de fe para ver las cosas con mente espiritual.

Sabemos lo que es vivir con nuestros cinco sentidos, pero vivir por fe es una experiencia distante y muy remota para nuestras mentes. Además, es muy difícil no confiar en uno mismo. Somos adictos a la gratificación que nuestros sentidos nos proveen y a sentir que somos los amos de nuestras propias vidas. Todos decimos con mucha facilidad que estamos seguros de ver el día de mañana, pero también sabemos que tal seguridad no es absoluta, aunque la practicamos como si tuviéramos el control sobre el futuro. Somos adictos a una clase de positivismo humano y estamos lejos de la virtud que se fortalece al confiar o esperar en Dios. Las palabras de Jesús son más que apropiadas en este momento de nuestra reflexión: «Yo soy la vid, ustedes los sarmientos; el que permanece en Mí y Yo en él, ese da mucho fruto, porque separados de Mí nada pueden hacer» (Juan15:5).

Este mal producto de la confianza en las cosas del mundo y en uno mismo es tan profundo y está tan enraizado en la naturaleza humana que se hace muy difícil salir de su insensatez cuando nos hundimos en esa falsa confianza. Llevar a una persona a confiar en lo invisible y muchísimo menos en lo visible es bastante complicado. Hay personas que viven en lujo y abundancia, nada les falta de este mundo. No saben qué significa la fe porque viven siempre según sus sentidos. Ticnen algún tipo de aflicciones, pero no llegan a alterarles el suministro de bienes materiales, sus conciencias no despiertan ni piensan en Dios. Nacen, crecen y se desarrollan sin nada que aparentemente los altere. No se dan cuenta de que habitan en un mundo cambiante y realmente necesitan experimentar algún cambio. David habla de ellos: «… porque no hay cambio en ellos ni temen a Dios» (Sal.55:19b). Su tragedia es que no conocen al Señor, menos a ellos mismos, ni tampoco la vanidad en la que se desenvuelven porque viven en un sueño.

Aplicación

En primer lugar, tus adversidades tienen como fin que no confíes tanto en ti mismo, ni aun en las cosas buenas presentes, sino en Dios. Debemos dar testimonio de la bondad y la confianza que tenemos en un Dios todopoderoso y bueno. La exhortación de Jesús es clara: «Así brille la luz de ustedes delante de los hombres, para que vean sus buenas acciones y glorifiquen a su Padre que está en los cielos» (Mat. 5:16). La gloria es para Dios, porque evidencias que Cristo te ha hecho un hombre o una mujer feliz y puedes darle tu testimonio a otros para que el Señor los atraiga a sí mismo para hacerlos felices.

En segundo lugar, Dios es bueno, pero no para quienes continúan en sus pecados. Tienes que saber que el Creador tiene solo dos maneras de tratar con los seres humanos, con bondad o ira. El Señor bondadoso te llama hoy al arrepentimiento, a que abandones tus ídolos, tu autoconfianza y tus pecados. Pero si lo rehúsas, entonces recibirás el enojo del Omnipotente. Las Escrituras dejan muy en claro que Dios no quiere encontrarse contigo en este estado, sino bajo los términos de Su misericordia, a través del Salvador Jesucristo, que fue a la cruz a morir por tus pecados y resucitó para que vivas una vida nueva bajo Su poder y Bondad. Acógete a la amnistía anunciada hace dos milenios por el apóstol Pedro: «Por tanto, arrepiéntanse y conviértanse, para que sus pecados sean borrados, a fin de que tiempos de alivio vengan de la presencia del Señor» (Hech. 3:19).

Capítulo II

Los peligros de la confianza

En el capítulo anterior dije que la fe cristiana se apoya sobre dos grandes columnas: El poder y la bondad de Dios: «Bueno es el SEÑOR». Cuando el corazón humano ostenta fe en Dios, entonces ha de dar un fruto ineludible, es decir, la práctica de lo que cree en su vida cotidiana. Esta verdad se encierra en la frase en la que estamos reflexionando: «Bueno es el SEÑOR para los que en Él esperan, para el alma que lo busca». Las dos columnas en las que se sustenta el creer son la omnipotencia y la bondad del Creador, porque el Todopoderoso es bueno. La práctica obligada para los creyentes es buscarlo y confiar en Él. Se podría decir que el verso dice lo que el profeta ya dijo antes: «"El Señor es mi porción", dice mi alma, "Por tanto en Él espero"» (3:24). Cuando decimos que confiamos en Dios y en Su Palabra, entonces la veracidad de esa confianza será confirmada por una práctica consecuente, una conducta confiada en Dios.

Ya hemos desglosado el versículo en tres asuntos fundamentales. En primer lugar, hemos encontrado la proposición afirmativa «Bueno es el Señor». En segundo lugar, hemos identificado a los beneficiarios «para los que en Él esperan» y, finalmente, hemos descubierto la conducta detallada que debe caracterizarlos «para el alma que le busca». Los dos aspectos importantes que sustentan nuestra confianza en Dios son Su bondad y toda la riqueza que trae consigo confiar en Él. No debemos olvidar que los dos peligros que atentan contra la confianza en Dios son uno mismo y la inclinación que nos lleva a confiar en las criaturas y no en el Creador. El punto central de estos peligros es que uno pudiera creer que está confiando en Dios sin que sea cierto. Es muy fácil levantar un edificio de falsa esperanza que se derrumba con mucha facilidad.

Ya he mencionado que confiamos en Dios porque es bueno y en eso creemos con todo el corazón. Esa creencia la ponemos en práctica al buscarlo todos los días de nuestras vidas. El Dios Omnipotente y Su Palabra prometen un chorro de bondad a cuantos esperan en Él. Pasemos a estudiar la confianza en Dios de una forma negativa en este capítulo y luego positiva en el siguiente capítulo.

Negativa: Evitemos los peligros que existen en confiar

He dicho que confiamos más en las criaturas que en el Creador y esta terrible inclinación es una herencia del pecado de nuestros primeros padres: «Cuando la mujer vio que el árbol era bueno para comer, y que era agradable a los ojos, y que el árbol era deseable para alcanzar sabiduría, tomó de su fruto y comió. También dio a su marido que estaba con ella, y él comió» (Gén. 3:6). La mente humana pensó que había una bondad secreta en el árbol prohibido, que podrían ser sabios sin el menor esfuerzo o que podrían vivir gratis para siempre, es decir, que desde Adán pensamos que es preferible confiar en las criaturas antes que en el Creador y con nuestra separación de Dios esta debilidad se agranda y esclaviza. Es cierto que las cosas de esta vida han sido provistas por Dios y son útiles, facilitan la vida y suplen nuestras necesidades, pero su utilidad hace difícil detectar el peligro. Por ejemplo, es fácil ver bondad en el dinero, la honra y los placeres terrenales, pero es imposible ver su utilidad en el Paraíso prometido. La mente natural no puede percibir la indignidad de las criaturas porque se necesita un alto grado de fe para ver las cosas con mente espiritual y no con una visión que surge simplemente del mundo material y la mera carnalidad. Sabemos vivir con nuestros cinco sentidos en este mundo, pero no sabemos vivir por fe y por eso la consideramos como una experiencia distante y remota.

Todo cristiano recibió la gracia de Dios en Cristo para llegar a ser una nueva criatura, pero no deja de ser criatura y no es de confiar. Confiar en las cosas en lugar de Dios nos disminuiría y nos haría más imperfectos, porque si bien es cierto que la naturaleza humana progresa y por eso se aman con tanta facilidad las cosas que se logran alcanzar, finalmente son solo cosas que terminarían sacándonos de la fuente del verdadero poder y vida, es decir, Dios mismo en quien solo y únicamente debemos confiar. Las buenas obras y las dádivas del mundo material son buenas, pero no para confiar en ellas. Poner en ellas nuestra confianza nos haría daño. Las dádivas materiales son para llevarnos a Dios, meros peldaños de la escalera de la piedad. Ilustraré lo que estoy diciendo con el caso del rey Ezequías: «En aquellos días Ezequías cayó enfermo de muerte; y oró al SEÑOR, y Él le habló y le dio una señal. Pero Ezequías no correspondió el bien que había recibido, porque su corazón era orgulloso; por tanto la ira de Dios vino sobre él, sobre Judá y sobre Jerusalén» (2 Cron. 32:24-25). Este rey recibió sabiduría, salud y bienes, pero en lugar de confiar en Dios se enalteció o confió en sí mismo. Aun los mejores hombres están sujetos a confiar en ellos mismos y no en el Altísimo. Por lo tanto, estamos expuestos a ese constante peligro y no es tan fácil que uno pueda decir en verdad de corazón: «El Señor es mi porción». La carne sujeta a este mundo terrenal trabaja con diligencia para mantener la supremacía y el control de nuestros corazones. Mientras respiremos, hemos de recordar que aún no ha terminado la lucha por confiar solo en Dios y todavía falta tiempo «para que Dios sea todo en todos» (1 Cor. 15:28).

Debemos preguntarnos si es que sabemos reconocer cuando estamos confiando más en las criaturas que en el

Creador. Siempre podremos reconocerlo si vemos que tenemos una confianza excesiva en todo lo creado y no en el Creador. Debemos ver si poseer esas cosas eleva nuestro espíritu o nos hace sentir superiores a los demás. Esa es la razón de la exhortación que Pablo le dio a Timoteo: «A los ricos de este mundo, enséñales que no sean altaneros ni pongan su esperanza en la incertidumbre de las riquezas, sino en Dios» (1 Tim. 6:17). El apóstol insinúa que el dinero nos pondría en peligro de ser altivos y eso se debe a que el dinero u otra bendición son dados para disfrutarlos como un bien del Creador, pero no para confiar en ellos desplazando a Dios de Su lugar en el centro de nuestras vidas. Si crees que el dinero te hace, por ejemplo, mejor persona, entonces estarías poniendo tu confianza en la obra que el dinero podría hacer en ti, pero solo el Creador y nadie más puede hacer mejores personas. Más aún, si alguno piensa que teniendo más bienes terrenales puede servir mejor a Dios, entonces su confianza no está en el Señor, sino en esos bienes anhelados. Dios pesa los corazones, no nuestras posesiones (Prov. 21:2). El alma estaría en peligro mortal si piensa que es mejor cristiano solo por ser rico y olvida las palabras del salmista: «Si las riquezas aumentan, no pongan el corazón en ellas» (Sal. 62:10).

Otra señal de peligro se presenta cuando se manifiesta un exceso de tristeza al perder algún tipo de beneficio. Sería un engaño del corazón contra nuestra fe sentir dolor por la pérdida de un beneficio o vivir enamorados de ese beneficio porque lo disfrutamos. Una señal de que Job era un hombre de piedad singular, dispuesto a mortificar el pecado fue su reacción ante la pérdida total de todos sus beneficios: «Desnudo salí del vientre de mi madre y desnudo volveré allá. El SEÑOR dio y el SEÑOR quitó; bendito sea el nombre del SEÑOR» (Job 1:21). Si la fortaleza de un alma se sostiene por la cantidad de sus bienes materiales y no en Dios, ya tenemos una profunda señal de peligro. Por el contrario, si alguno pierde amigos, familiares, honores, placeres o riquezas, y aun así se siente sostenido por Dios, entonces sería una señal de confianza en el Señor y de falta de confianza en las criaturas. Tenemos, por ejemplo, el caso de Ahitofel: «Viendo Ahitofel que no habían seguido su consejo, aparejó su asno, se levantó y se fue a su casa, a su ciudad, puso en orden su casa y se ahorcó» (2 Sam. 17:23). Es evidente que este hombre no confiaba en Dios, no estaba preparado para perder su lugar de prominencia y por eso la amargura lo ahogó y se suicidó.

El poder de la pólvora no se conoce hasta que se junta con fuego y así también la corrupción del corazón humano que ama a las criaturas más que al Creador no se conoce hasta que alguna cruz se oponga a sus deseos. Si te parece que confiar en Dios es fácil, déjame decirte que solo sería otra señal de que no conoces bien tu corazón. La gran mayoría de nosotros ignora el poder de la maldad y la corrupción que tenemos dentro y por eso el salmista dice: «Bienaventurado el hombre a quien reprendes, Señor, y lo instruyes en

Tu ley» (Sal. 94:12). La lectura de esa sección de Lamentaciones manifiesta esa dicha sobre el profeta que había sido afligido pero también instruido por Dios.

Otra señal de peligro se manifiesta cuando confiamos mucho en nuestro propio juicio. Es normal que los hombres tengan un gran apego a su propia bondad. Hasta el gran apóstol Pablo experimentó ese peligro en su alma, se creyó un excelente santo y fue necesario que el Señor le mandase un aguijón. Estamos inclinados a festejar en la imaginación nuestras buenas obras, pero nunca las ajenas. Estamos esperando con frecuencia el aplauso ajeno. Nos molestamos sin una razón justa si los demás no nos saludan como suponemos que deberían hacerlo. Es un exceso de amor al yo cuando somos tardos para pagarle las deudas al prójimo y rápidos para cobrarles a nuestros deudores. Si pasamos varias semanas sin venir al servicio dominical nos quejamos de que nadie nos llamó para saber de nosotros, pero no pensamos que como cristianos tenemos una deuda de amor al hermano (Rom. 1:14). Cobramos rápido y pagamos con lentitud. A un corazón así le será difícil confiar en Dios y en Sus promesas. El caso del patriarca Judá nos muestra esa realidad:

> Y a los tres meses, informaron a Judá, diciendo: «Tu nuera Tamar ha fornicado, y ha quedado encinta a causa de las fornicaciones». «Sáquenla y que sea quemada», dijo Judá. Cuando la sacaban, ella envió a decir

> a su suegro. «Del hombre a quien pertenecen estas cosas estoy encinta». Y añadió «Le ruego que examine y vea de quién es este sello, este cordón y este báculo». Judá lo reconoció, y dijo: «Ella es más justa que yo, por cuanto yo no la di por mujer a mi hijo Sela». Y no volvió a tener más relaciones con ella.
>
> Génesis 38:24-26

Duro con el otro y suave consigo mismo es la señal de peligro. El egoísmo es un juez ciego y parcializado. En cambio, el amor a Dios es diferente porque manifiesta compasión con las faltas ajenas.

Una ilustración clásica de un exceso de autoconfianza la observamos en Pedro: «Aunque tenga que morir junto a Ti, jamás te negaré» (Mat. 26:35). Este es un hombre lleno de sí mismo porque ni las palabras de advertencia de Cristo lo hicieron cambiar de mente y se sintió capaz por sí mismo sin darse cuenta de que se necesitaba un suministro continuo de la gracia de Dios. Lo cierto es que mientras más nos conocemos y conocemos de Dios, menos confiaremos en nosotros mismos y más en el Señor, porque como dice el salmista:

> En ti pondrán toda su confianza los que
> conocen Tu nombre,
> Porque Tú, oh Señor no abandonas
> a los que te buscan.
>
> Salmo 9:10

Todo en Dios es excelente en su orden y clase, pero tenemos un corazón corrupto que corrompe lo bueno aunque venga directamente del Creador. Esa indisposición está en todos los seres humanos y aun hemos visto que los mejores creyentes como Pablo o Ezequías tienen una fuerte disposición a confiar más en las criaturas que en el Creador. Estamos inclinados siempre a la idolatría, a ofender a Dios y a robarle Su gloria. Nuestra naturaleza caída es ladrona, mentirosa y no nos conduce a la bendición, sino a estar bajo maldición. Por lo tanto, debemos cuidarnos de no confiar en las cosas, sino solo en Dios. En nuestros corazones hay un constante peligro porque tienden a oponerse a la confianza en Dios. El Señor nos ayude a confesar como el salmista:

> Algunos confían en carros y otros en caballos,
> Pero nosotros en el nombre del Señor
> nuestro Dios confiaremos.
> Salmo 20:7

Unos confían en su dinero y otros en los médicos; unos en las medicinas y otros en su sabiduría; unos en la tecnología y otros en los avances científicos. Nosotros, por Su gracia, confiamos solo en un Dios lleno de bondad y pródigo para sostener a Sus hijos.

Aplicación

En primer lugar, debemos orar fervientemente al Señor para que nos dé un sano juicio para discernir las cosas de manera sabia, tal como Él las ha diseñado. Por ejemplo, para comer del fruto de la piña se necesita quitar la corona espinosa y luego la cáscara áspera para luego disfrutar del fruto dulce. Así también para confiar en Dios es necesario evitar los peligros de nuestros corazones haciendo una labor juiciosa de consideración a través de la iluminación de nuestras mentes por las Santas Escrituras. Eso permitirá que podamos, entonces, confiar en Él. Confiar en Dios no es un asunto técnico, sino que se trata de un proceso, pero la idea que busco transmitir en este momento es que mientras esperamos en Él puede surgir cualquiera de estos peligros y se puede echar a perder nuestro deseo de glorificarle con toda nuestra vida. Por eso el maestro de sabiduría nos instruye diciendo:

No te fatigues en adquirir riquezas,
Deja de pensar en ellas.
Cuando pones tus ojos en ella, ya no está.
Porque la riqueza ciertamente se hace alas
Como águila que vuela hacia los cielos.
Proverbios 23:4-5

Todas las criaturas son vanidad, son nada y su tendencia constante es hacia la nada. Esas cosas que tanto anhelamos y en las que tanto confiamos no le harán ningún bien a nuestras almas cuando llegue la hora de la muerte. Son ineficaces y débiles para que hagan lo que tú pensabas que harían. ¿Merecen ellas tu confianza? ¿Acaso pueden hacerte feliz? ¿Pueden hacerte más sabio para con Dios? ¿Nos aborrecería el Señor si no tuviéramos esos bienes? ¿Nos amaría más si los tuviésemos? ¿Mejoraría nuestra fe y confianza en Cristo? ¿Nos harían más obedientes? Te aseguro que Dios no te amaría más si tuvieras más dinero ni tampoco los bienes te harían mejor creyente. Por el contrario, estarías en mayor peligro y hasta te harían más indispuesto para hacer el bien. Peor todavía, podrían debilitarte en tu confianza en Dios que es lo mejor que puedes tener en esta tierra.

Hay muchísimas comidas que son buenas y muy sabrosas, pero para nadie es un secreto que algunas son más pesadas y requieren mayor fuerza y tiempo para que las digiera el estómago. Así hay cosas que son muy pesadas para el alma y la debilitan con mayor facilidad. Los bienes de este mundo son una carga pesada para el corazón. Nuestro Señor Jesucristo decía: «¡Qué difícil será para los que tienen riquezas entrar en el reino de Dios!» (Mar. 10:23). Así como el estómago necesita mayor fortaleza, el alma necesita una mayor dosis de gracia para manejar los bienes materiales. Gedeón tuvo que reducir por mandato de Dios la abundancia de soldados para que Israel no estuviera tentada a gloriarse y concluir que habían ganado por su fuerza militar (Jue. 7:4). Quizás por eso el Señor Jesús escogió como apóstoles pescadores y hombres del vulgo. Quizás si hubiesen sido teólogos se hubieran predicado a ellos mismos y no a Cristo. Finalmente, Dios no quiere que confiemos en nosotros mismos y que descubramos que la sabiduría de Dios es superior a la humana (Rom. 4:17; 2 Cor. 1:9). Oremos fervientemente al Señor para que nos dé un sano juicio para ver al mundo como Él.

En segundo lugar, es importante reconocer que nadie podrá confiar en Dios a menos que esté en paz con Él por medio de Cristo. Pablo nos lo explica de la siguiente manera: «La mente puesta en la carne es enemiga de Dios, porque no se sujeta a la ley de Dios, pues ni siquiera puede hacerlo» (Rom. 8:7). He escuchado a algunos decir que quieren ser cristianos después de que se hayan dado muchos gustos en la vida. Bueno, uno le hace eso solo a un enemigo porque lo deja para lo último en lugar de ponerlo en primer lugar. La verdad es que nunca podrás confiar plenamente en Dios si es que antes no te has arrepentido de tus pecados y primero has puesto tu confianza en la obra redentora de Jesucristo a tu favor. Tenemos que reconocer que somos incrédulos por naturaleza y eso se demuestra porque para ti no es importante Dios ni la verdadera religión. Tú no estás bien delante de Dios. Ahora te pido que oigas estas dulcísimas palabras: «Porque Dios no envió a Su Hijo al mundo para juzgar al mundo, sino para que el mundo sea salvo por Él» (Juan 3:17).

Ora al Señor que perdone tus pecados
y te salve por Jesucristo.
Amén

Capítulo III

Las riquezas de confiar en Dios

Jeremías escribe Lamentaciones después de haber sentido una pérdida grande, el centro mismo de su fortaleza vital, la paz y la esperanza. Por eso escribe:

> Y mi alma ha sido privada de la paz,
> He olvidado la felicidad.
> Digo, pues; «Se me acabaron las fuerzas,
> Y mi esperanza que venía del SEÑOR».
> Lamentaciones 3:17-18

El profeta confiesa que no puede vivir, que es una simple criatura dependiente. Necesita confiar o depender de otro, nadie más que su propio Creador. Dicho de otro modo, está afirmando que el alma humana necesita en quién confiar porque reconoce implícitamente su propia debilidad. El débil necesita apoyarse en otro más fuerte y podría sonar paradójico, pero el ser más fuerte que existe sobre la faz del planeta Tierra es el alma humana. No hay nada por encima del ser humano y domina a todas las criaturas por más grande que sean. Eso significa que no existe sobre la tierra nada ni nadie en quien podamos apoyarnos y depositar nuestra confianza.

Más aún, las criaturas de manera instintiva reconocen su debilidad y buscan apoyarse o confiar en otra más fuerte. Las criaturas irracionales son dirigidas por los que tienen razón o mente. El sabio siempre dirigirá al menos sabio. La experiencia del profeta dice algo maravilloso al enseñarnos que Dios ama el alma y la ha hecho para sí mismo: «El SEÑOR es mi porción dice mi alma» (3:24). El alma y sus facultades son hechas para depender de Su Creador, no para que dependan o pongan su confianza en las riquezas ni ningún bien terrenal.

Nuestro objetivo ha sido reflexionar en este tema crucial de la confianza en la vida cristiana en sus aspectos negativo y positivo. El aspecto negativo fue considerado en el capítulo anterior, donde aprendimos a evitar los peligros. Ahora veremos la segunda parte positiva.

Positivo: Las riquezas de confiar en Dios

Ya hemos visto que el Señor es bueno con los que lo buscan y esperan en Él. Esta confianza se manifiesta, en primer lugar, a través de la renuncia de uno mismo a Su voluntad en un estado de quietud en el alma. En segundo lugar, se manifiesta a través de nuestra dependencia de Él confiando en que nos conducirá en procura del bien que necesitamos en un compromiso de vida. Los que confían en el Señor esperan vida eterna de Él y se esfuerzan en buscarla. Ya hemos notado en este capítulo de Lamentaciones que el profeta estuvo quejándose de Dios y hasta lo vio como su enemigo. Puede haber estado equivocado en esa percepción, pero no en que tenía un solo Dios. Por eso dice «El SEÑOR es mi porción». La confianza empieza tomando al Señor como nuestro Dios, es decir, consagrándonos al Creador y Señor. Un caso bíblico que demuestra esa realidad la encontramos en Rut. Booz, su futuro esposo, reconoce sus virtudes y la bendice diciendo: «Que el Señor recompense tu obra y que tu pago sea completo de parte del Señor, Dios de Israel, bajo cuyas alas has venido a refugiarte» (Rut 2:12). Podríamos decir en términos actuales que ella se hizo miembro de la Iglesia, dejó atrás su barrio y familiares para vivir como cristiana, obedeciendo y confiando en Su providencia. Estamos hablando de una obra que se inicia y se desarrolla en el corazón.

También hemos hablado de que la confianza va acompañada del compromiso. El profeta repite su compromiso al reconocer que su porción es el Señor y por eso toma la decisión de esperarle (3:24). Estamos hablando de una expresión de santa resolución o determinación. Ese compromiso lo encontramos ilustrado en las palabras del llamado al compromiso de Pedro a la iglesia: «Así que los que sufren conforme a la voluntad de Dios, encomienden sus almas al fiel Creador, haciendo el bien» (1 Ped. 4:19). Uno se encomienda al Señor, consagra su vida y se compromete a hacer el bien para la gloria de Dios. Cuando uno confía en Dios, surge en el corazón una sensación de seguridad sin importar las circunstancias. El alma descansa en Dios mientras va creciendo en sus deberes piadosos. Es importante reconocer que el fundamento de la confianza es la afirmación de que Dios es bueno. Uno confía en Su Omnipotencia y Su bondad y eso nos hace confiar en que Él obrará para mi bien. Esta verdad me beneficia. David exhorta a ese compromiso con las siguientes palabras:

Encomienda al Señor tu camino,
Confía en él, que Él actuará.
Salmo 37:5

Allí radica la confianza en un Dios al que estamos buscando diariamente porque sabemos que nos hará bien. Es como un hombre cansado que se echa sobre su cama y puede descansar plácidamente porque se siente seguro y no piensa en peligros. Por lo tanto, cuando perdemos la confianza en el Señor se pierde también la esencia de la vida, perdemos las fuerzas, la paz, el bien y la esperanza. No solo es conveniente, sino sobre todo necesario. No hay obra más llena de sabiduría ni más excelente que confiar en Dios por medio de Cristo. Los seres humanos acumulan ahorros para usarlos cuando se topan con una situación de calamidad o extrema necesidad y así evitar sus malas consecuencias.

Confiar en Dios es bueno siempre y mucho mejor en tiempos de extrema necesidad o calamidad. El apóstol Pablo lo experimentó en carne propia:

> En mi primera defensa nadie estuvo a mi lado, sino que todos me abandonaron: que no se les tenga en cuenta. Pero el Señor estuvo conmigo y me fortaleció, a fin de que por mí se cumpliera cabalmente la proclamación del mensaje y que todos los gentiles oyeran. Y fui librado de la boca del león. El Señor me librará de toda obra mala y me traerá a salvo a Su reino celestial. A Él sea la gloria por los siglos de los siglos. Amén
>
> 2 Timoteo 4:16-18

Pablo confiaba en su Señor y eso le produjo un sólido sentir de paz y seguridad que se manifestó en fuerzas renovadas, esperanza y seguridad de que, al final de todo, gozaría de la bondad de Dios en su vida.

Confiar en el Señor también estimula la obediencia. Un alma creyente nunca puede ser fiel a Cristo a menos que confíe en Él. Uno honra a la persona en quien confía. Pablo nos entrega su ejemplo una vez más cuando dice: «Porque por esto trabajamos y nos esforzamos, porque hemos puesto nuestra esperanza en el Dios vivo, que es el Salvador de todos los hombres, especialmente de los creyentes» (1 Tim. 4:10). Si le preguntáramos a Pablo por qué soportó tantos trabajos y sufrimientos, su respuesta sería que se debe a su confianza en el Dios viviente. Por lo tanto, podemos decir sin temor a equivocarnos que confiar en Dios es definitivamente un fuerte estímulo a la obediencia cristiana.

Los beneficios de la confianza en el Señor continúan, porque también aquieta el alma. La Biblia es clara en señalar con firmeza que no hay paz para el impío y que los hombres y las mujeres del mundo no podrán disfrutar de una quietud sólida y firme en sus corazones (Isa. 57:21). Un incrédulo no puede levantar su vista más allá de lo que su mirada puede alcanzar. Vivimos en un mundo cambiante y así también es el estado anímico de las personas que con cualquier viento de cambio son sacudidas. En cambio, quien confíe en Dios no es afectado de manera permanente por las circunstancias, aun si fuesen movimientos de profunda turbación. El salmista es claro al respecto:

No temerá recibir malas noticias;
Su corazón está firme, confiado en el Señor.
Salmo 112:7

Esta actitud de confianza quieta se repite en otros lugares de las Escrituras que muestran que el creyente puede permanecer confiado sin perder la compostura:

Encomienda tus obras al Señor,
Y tus propósitos se afianzarán.
Proverbios 16:3

> Por nada estéis afanosos; antes bien, en todo, mediante oración y súplica con acción de gracias, sean dadas a conocer sus peticiones delante de Dios. Y la paz de Dios, que sobrepasa todo entendimiento, guardará sus corazones y sus mentes en Cristo Jesús
>
> Filipenses 4:6-7

Repito que es necesario confiar en Dios porque ejerce un efecto tranquilizador sobre un corazón agitado. Los hijos de Coré lo convirtieron en un canto de adoración cuando lo colocaron en un salmo y mostraron cómo esperar en Dios apaciguó sus almas:

> ¿Por qué te desesperas, alma mía,
> Y por qué te turbas dentro de mí?
> Espera en Dios, pues he de alabarlo otra vez
> Por la salvación de Su presencia.
>
> Salmo 42:5

Cómo llevar el corazón a confiar

Para comenzar a hablar de este importante asunto tengo que decir que Dios nos llevará a confiar en Él por una vía contraria a la que podríamos haber pensado o planeado; será contrario a nuestro razonamiento humano y opuesto a nuestra mente natural. Volvamos a recordar nuestro texto clave: «"El Señor es mi porción", dice mi alma, "Por tanto en Él espero"» (Lam. 3:24). Jeremías vio la bondad y la omnipotencia divina y reconoció que la solución era confiar en Dios de todo corazón. Veamos ahora el contexto del profeta de donde salen sus palabras de confianza:

Yo soy el hombre que ha visto la aflicción
A causa de la vara de Su furor [...]
Ha tensado Su arco
Y me ha puesto como blanco de la flecha.
Hizo que penetraran en mis entrañas
Las flechas de Su aljaba.
He venido a ser objeto de burla
de todo mi pueblo,
Su canción todo el día.
Lamentaciones 3:1, 12-14

Su visión y sus sentimientos mostraban que percibía en su aflicción a Dios como su enemigo, pero luego pasa a verlo como su único amigo. Su confianza en Dios llegó por una vía contraria, muy diferente a lo que antes pensaba y Dios pasó de adversario a su mejor aliado. Cuando decimos por una vía contraria queremos decir que se pasa de los razonamientos de la mente humana y carnal a una mente espiritual dirigida por el Espíritu Santo. Job dijo en medio de su angustia: «Aunque Él me mate, en Él esperaré» (Job 13:15). Lo que estaba viviendo le hacía pensar, quizás sin la menor duda, que Dios quería matarlo y hasta podría sonar lógico que lo pensara, ya que sus calamidades fueron continuas, sumamente dolorosas y sin número. No tenía ni un segundo de descanso y estaba sumamente agobiado. Aunque le parecía que lo quería matar, igual confió en su Dios. Fue traído por una vía contraria a lo que de forma racionalmente humana hubiera podido pensar.

Confiar en el Señor es pensar que Él nunca se pondría en tu contra para destruirte, pero sí estará en contra de tus pecados, tu carnalidad y mundanalidad. Jesús, nuestro gran Salvador y Redentor, mostró de manera evidente que no venía a condenarnos, y solo el diablo buscaba hurtar matar y destruir (Juan 3:17-18; 10:10). El razonamiento de Jeremías fue carnal al pensar que el Creador era enemigo de Su pueblo. Dios no busca tu destrucción, pero sí tu humillación para que te vuelvas del pecado y seas transformado a la imagen de Jesucristo. En un momento dijo que Dios había puesto Su mano en su contra, pero luego dijo enfáticamente que Dios era bueno para con los que lo esperan (Lam. 3:3, 25). El salmista lo muestra con mayor claridad:

Bienaventurado el hombre
a quien reprendes, Señor,
Y lo instruyes en Tu ley;
Para darle descanso en los días de aflicción,
Hasta que se cave una fosa para el impío.

Porque el Señor no abandonará a Su pueblo,
Ni desamparará a Su heredad.
Salmo 94:12-14

De seguro ya notaste que la confianza en Dios no es algo personal, sino que es fruto de aquellos que han nacido de nuevo por la obra de nuestro amoroso Padre en Cristo. En tal sentido, el creyente debe estar consciente de que Dios lo ve con agrado. La confianza es un fruto del árbol de la fe y se nos demuestra la buena voluntad de Dios porque: «Para los santos que están en la tierra, y para los íntegros, es toda mi complacencia» (Sal. 16:3 RVR60). Por ejemplo, cuando el paciente confía en la destreza y capacidad de su médico, entonces será muy cuidadoso en seguir al pie de la letra lo que el galeno prescriba. En nuestro caso, es muy difícil que una persona confíe en el Señor si es descuidada en asistir a los cultos, en su devocional diario o en crecer en el conocimiento del Evangelio. ¿Cómo podrá el médico curar si el paciente no confía y no está dispuesto a tomar el remedio prescrito? Pretender curar la enfermedad sin tomar la medicina es una presunción peligrosa.

La práctica diaria de confiar en Dios se inicia con el uso de los medios de gracia. Estar preparados para confiar en medio de la adversidad no viene súbitamente, sino que requiere de una práctica previa. Por eso Isaías dice: «¡Si tan solo hubieras atendido a Mis mandamientos! Entonces hubiera sido tu paz como un río, y tu justicia como las olas del mar» (Isa. 48:18). Por ejemplo, atender con fe la predicación de la Palabra trae paz al alma porque el uso cuidadoso de los medios de gracia echa fundamento de quietud para que cuando venga el día malo sea mucho más fácil confiar en Dios. La fe tiene la propiedad de silenciar el alma, o mejor dicho, tiene un poder tranquilizador o sería un signo de fe verdadera cuyo fruto es confiar en Dios. Tal vez hayas vivido la experiencia de llegar intranquilo o apesadumbrado al servicio de adoración pública y después de participar de las alabanzas y escuchar la predicación se haya aquietado tu alma y hayas encontrado la paz que tanta falta te hacía. Si eso nunca te ha sucedido, entonces es posible que no estés practicando con diligencia los medios de gracia y tu fe sea muy débil o hasta no tengas fe.

Aplicación

Lo primero que debes hacer es entregarte por completo en las manos de Dios y confiar en Él. Si, por ejemplo, te has esforzado mucho para alcanzar el éxito y no lo has logrado y por eso te sientes frustrado, entonces este tiempo es propicio para confiar en Dios. Cava una cisterna en tu corazón y espera hasta que el Señor la llene de lluvia celestial. Pedro experimentó una noche de pesca frustrada y a la mañana siguiente el Señor Jesucristo le dio la orden de tirar las redes de una forma que demandaba de toda su confianza en las palabras del Señor: «Simón le contestó: "Maestro, hemos estado trabajando toda la noche y no hemos pescado nada, pero porque Tú lo pides, echaré las redes"» (Luc. 5:5). Deja de estar teniendo convenios con la mentira, la falsedad y la incredulidad. Recuerda las palabras de Jesús: «Pero busquen primero Su reino y Su justicia, y todas estas cosas les serán añadidas» (Mat. 6:33).

En segundo lugar, te exhorto a que dejes de confiar en cualquier cosa o persona que no sea tu Creador. Has confiado en las criaturas en contra de Dios o sin Dios; en cualquiera de los dos casos solo te causarán la ruina. Los muy sabios, ricos y poderosos confían en sus bienes y se rebelan en contra del Creador. Quizás no sea tu caso y estés confiando en tu prosperidad, salud y el favor de los hombres, que finalmente sería confiar en las criaturas. Podrías decir que no estás tanto en contra de Dios, pero lo que sí queda claro es que es una vida sin Dios. Sea que vivas sin el Señor o tengas una actitud contra el Señor, lo cierto es que pronto serás reducido a polvo. Por lo tanto, procura que no te llegue ese momento sin que hayas puesto toda tu confianza y esperanza en Cristo Jesús. Ven, pues, arrepiéntete de este tu gran pecado de desprecio al señor, y serás salvo.

Es mejor refugiarse en el Señor,
Que confiar en el hombre.
Es mejor refugiarse en el Señor,
Que confiar en príncipes.
Salmo 118:8-9

Capítulo IV

Estimulemos la confianza en Dios

Hemos estado hablando de la inmensa bondad de Dios y de la riqueza gloriosa que trae la confianza en nuestro Señor. Confiar en el Señor es entregarse uno mismo a la voluntad del Señor y asumir un compromiso de por vida de dependencia del Señor. Esta no es una opción, sino una necesidad, porque cuando se pierde esta confianza, también se pierde la esencia de la vida. La confianza también estimula la obediencia y tiene un efecto tranquilizador sobre el corazón. Confiar en Dios tampoco es algo natural, porque el Señor suele llevarnos por una vía contraria a nuestro razonamiento humano carnal. Aprendimos también que el Señor no busca destruirnos, sino humillarnos para arrepentimiento y transformarnos para Su gloria. Por último, confiar en Dios es un fruto de la fe de los nacidos de nuevo y por eso vemos a Dios como nuestro Padre amoroso en Cristo y hacemos buen uso de los medios de gracia.

Los estímulos positivos para fortalecer la confianza en Dios

Es un asunto muy difícil llevar nuestra alma a confiar en Dios. Hemos aprendido a vivir al desarrollar habilidades laborales, destrezas relacionales, ahorrar dinero, buscar la prosperidad a través de la acumulación de bienes y posesiones, pero muy pocas almas saben vivir por fe en dependencia del Señor. Ahora bien, el fundamento de confiar es la fe, esto es, creer que Dios es bueno a los que le buscan y lo esperan. Es creer que en Él solamente está tu ayuda, aunque parezca que las cosas equivocadas la proporcionan. En este asunto se puede mostrar con un buen grado de claridad la corrupción del corazón humano, ya que el bien de toda criatura debería estar consagrado a su Creador. Sin embargo, mi mente natural usualmente me dice que no al compromiso y la confianza, y en la práctica mis hechos atestiguan que considero el dinero, el honor y los placeres mejores que Dios. Esta reacción humana se debe a la corrupción de mi entendimiento producto del pecado. Confiar en Cristo requiere también afirmar que solo en Él y únicamente en Él puedo encontrar misericordia. Necesito estar convencido de que el bien de las criaturas deriva siempre de la bondad divina.

El primer estímulo quc favorece la confianza en Dios es la actuación con poder del Espíritu Santo en nuestro interior. Muchos esperan ser convencidos por argumentos humanos, pero ningún razonamiento humano convencerá al alma. El poder de la verdad solo se experimenta en nuestro hombre interior por la unción del Espíritu Santo. Así como nadie puede ver el sol sin la luz del mismo sol, tampoco se puede conocer a Dios sin la iluminación de Su Espíritu. El alma que ha muerto y resucitado por Cristo es la que puede descansar en Dios. Podemos estar bajo las enseñanzas de un predicador elocuente y fiel, pero eso no será suficiente para llevarnos a confiar en el Creador. Si el Espíritu Santo no habla por medio del predicador, el sermón no será más que un simple discurso humano sobre algún tema bíblico. Cristo es la misma luz del mundo (Juan 8:12) y la exposición de la Palabra de Dios debe manifestar la luz de Cristo en toda su magnitud. La turbación de la mente y la falta de confianza en Dios en tiempos de problemas viene por una deficiencia del discernimiento espiritual. Job mismo reconoce al final del libro: «He sabido de Ti solo de oídas, pero ahora mis ojos te ven» (Job 42:5). Ahora conoce a Dios directamente y lo ha escuchado con claridad. Las verdades sobrenaturales se fijan en el alma creyente por un poder sobrenatural. Para eso Dios creó la fe y se podría decir que se trata de un ojo y una mano espiritual en el renacido que le permiten ver y asir la verdad.

Por lo tanto, el poder para fijar los principios divinos en nosotros no vendrá del conocimiento, la educación o la autoridad de otros que profesen creer las mismas verdades que nosotros. Las verdades salvíficas son transportadas de la Biblia a los corazones de los verdaderos convertidos por el poder del Espíritu de Dios: «Todos los hijos serán enseñados por el Señor, y grande será el bienestar de tus hijos» (Isa. 54:13). Esta enseñanza se centrará en los dos grandes temas del evangelio, es decir, el estado natural pecaminoso que nos condena y la felicidad que tienen en las palabras y la obra de Cristo.

Todo lo que podemos escuchar o leer sobre Cristo es letra muerta, a menos que venga del Espíritu de Dios. Las mismas cosas que se dicen aquí pueden ser dichas en muchísimos otros lugares, pero si son meramente humanas no llevarán a las personas a confiar en Dios ni las transformarán. Los mejores predicadores no pueden darles poder a nuestros corazones para producir esta confianza, a menos que Dios les diga de qué lado echar la red para atrapar los peces. La confianza de Pedro no radicaba en que era un pescador experto que aquella noche no había podido pescar, sino que su gran cosecha se dio porque el Señor le dijo cómo hacerlo y él fue obediente y sumiso al mandato de Dios. Su confianza vino de lo alto. Por eso el apóstol Pablo fue muy enfático al decir: «Así que ni el que planta ni el que riega es algo, sino Dios, que da el crecimiento» (1 Cor. 3:7).

El Señor enseña que es preciso primero un cambio de corazón que nos muda de la mala inclinación de confiar más en las criaturas que en el Creador. Es alguien que puede confesar con corazón sincero que Dios es bueno a los que le buscan y esperan en Él. La enseñanza de Dios bajo la guía del Espíritu Santo quita el error y el prejuicio mental contra Dios. Atrae con fuerza y poder la voluntad del creyente para consagrarse y comprometerse con su Dios. Así habla el profeta Oseas del pueblo que será llevado al desierto para que escuche a su Dios que le hablará a su corazón (Os. 2:14).

El segundo estímulo que favorece la confianza en Dios es el convencimiento de Su bondad. Las Santas Escrituras hacen distinción entre una fe muerta y una viva. Los verdaderos creyentes poseen una fe viva que obra y opera con una convicción venida del cielo, que siempre está dispuesta a pagar el costo de su fe en medio de las diferentes circunstancias que les toque vivir durante su peregrinar. Esa clase de fe es la que puede producir el fruto de la confianza en Dios. No basta con que una persona se sienta inclinada hacia las doctrinas cristianas, ya que su interés no tendrá valor suficiente hasta que se rinda por completo al Señor y dé muestras de que su esperanza es viva. Si no estuviese viva no daría el poderoso fruto de la confianza. Es el tipo de fe y confianza que David exclama como una alabanza de adoración a Dios:

Ten piedad de mí, oh Dios, ten piedad de mí,
Porque en Ti se refugia mi alma;
En la sombra de Tus alas me ampararé
Hasta que la destrucción pase.
Salmo 57:1

David estaba atravesando por una situación amarga, pero al mismo tiempo estaba convencido de que pronto pasarían sus quebrantos. Estaba en una cueva huyendo del rey Saúl que buscaba matarlo, pero él confiaba en el Señor que le había prometido que sería rey. En sus calamidades no dejó de ver la bondad de Dios porque estaba convencido, al igual que Jeremías, de que Dios era bueno. Esta confianza en Dios no era una anécdota en su vida, sino que era una experiencia permanente:

Salmo de David cuando estaba en el desierto
de Judá.
Oh Dios, Tú eres mi Dios; te buscaré con afán.
Mi alma tiene sed de Ti, mi carne te anhela
Cual tierra seca y árida donde no hay agua.
Así te contemplaba en el santuario,
Para ver Tu poder y Tu gloria.
Porque Tu misericordia es mejor que la vida,
Mis labios te alabarán.
Salmo 63:1-3

David se encontraba bajo una feroz persecución de su enemigo, el rey Saúl, y su alma anhelaba a Dios. Él deseaba ver el poder y la gloria de Dios, es decir, la bondad del Señor. Su visión de la bondad era tan fuerte que si le preguntásemos la razón de su anhelo, la respuesta no se haría esperar: «Porque Tu misericordia es mejor que la vida». El fruto de la bondad de Dios es más excelente que nuestra propia vida. Creo que existe una armonía perfecta entre la necesidad del alma creyente y la verdad divina. Si el ojo de la fe percibe la bondad de Dios, entonces el resultado será la producción del fruto de la confianza en el Señor. Esta confianza no solo trae paz, sino también gozo y contentamiento, porque el Señor aleja cualquier tristeza y quebrantamiento y también sobrepasa toda alegría terrenal.

Hay un escollo que obstaculiza pensar bien del Señor o una culpabilidad secreta que estropea cultivar buenos pensamientos sobre Dios. Nuestra culpabilidad delante de Dios por nuestros pecados hace que sea fácil ver a Dios como un león o un oso al acecho tal como lo veía el mismo Jeremías (Lam. 3:10). Podemos verlo como fuego consumidor, vestido de justicia o venganza contra uno, como si estuviese al acecho para hacernos daño. Esa estructura mental se levanta y se opone al pensamiento de la bondad del Señor. Nuestros prejuicios hablan muy fuerte, pero lo que Dios revela de sí mismo en la Biblia nos dice todo lo contrario y con mayor fuerza. No olvidemos que el Señor ha engrandecido Su nombre y que Sus palabras nunca pasarán (Sal. 138:2; Mat. 24:35). Ahora veamos lo que revela Su Palabra en alta voz porque para confiar en Dios es imprescindible estar convencido de Su bondad:

> ¿Qué Dios hay como Tú,
> que perdona la iniquidad

Y pasa por alto la rebeldía
del remanente de Su heredad?
No persistirá en Su ira para siempre,
Porque se complace en la misericordia.
Volverá a compadecerse de nosotros,
Eliminará nuestras iniquidades.
Sí, arrojarás a las profundidades del mar
Todos nuestros pecados.
Miqueas 7:18-19

El tercer estímulo que favorece la confianza en Dios es ejercitar las facultades del alma. Dios es el único que satisface el alma humana de manera completa. Ya he señalado que confiar no es un asunto fácil, porque confiar es echar el alma en los brazos de Dios por medio de Cristo, por lo que la menor brecha haría imperfecta o mutilada a la confianza. En términos prácticos, es necesario un conocimiento previo de la persona en quien hemos de confiar, la razón por la cual confiar en ella y los debidos estímulos de amor que afianzan el corazón. Ese es exactamente el pensamiento del salmista cuando dijo:

En Ti pondrán su confianza los que
conocen Tu nombre,
Porque Tú, oh Señor, no abandonas
a los que te buscan.
Salmo 9:10

El salmista dice conocer la historia del pueblo del Señor, cómo fueron tratados y cómo fue estimulado a confiar por el caso de otros. La confianza en Dios es un acto presente que afectará un futuro cercano. No puede ser un asunto desnudo y sin contexto alguno, sino que es necesario considerar lo que Dios ha hecho en el pasado, en particular lo que ha prometido Él mismo y ha cumplido. De ese modo nuestra fe será confirmada y producirá el fruto de confianza en el corazón. Esto no es mero conocimiento, sino que la dulzura evidente y práctica del amor del Señor sobre el alma creyente conduce a Él mismo.

Por ejemplo, se podría decir que esta búsqueda de confianza en Dios es como el olfato que va a la fuente de una loción porque busca más de ese perfume agradable. Quizás por eso dice el salmista:

Mi alma espera al Señor
Más que los centinelas a la mañana.
Sí, más que los centinelas a la mañana.
Oh Israel, espera en el Señor.
Porque en el Señor hay misericordia,
Y en Él hay abundante redención.
Salmo 130:6-7

Hay empleos duros de hacer, ser centinela es uno de ellos porque requiere mantenerse despierto mientras todo el resto duerme. Se trata de un trabajo de profunda observación y vigilancia. Así también es necesario tener esa misma actitud de cuidado para ver la bondad de Dios, el cual es un fruto de la fe porque, «… sin fe es imposible agradar a Dios. Porque es necesario que el que se acerca a Dios crea que Él existe, y que recompensa a los que lo buscan» (Heb. 11:6). Tenemos que reconocer que Dios es Espíritu y Su bondad es algo usualmente escondido a los ojos humanos. Se necesita una obra de meditación bajo la guía del Espíritu Santo para ver esa bondad a través del ejercicio de las facultades del alma. Las chispas no hacen hervir el agua ni los pensamientos fugaces calientan el corazón. Las estrellas tampoco iluminan o calientan el día. La llama de una estufa y el calor permanente del sol hacen su obra. Así también nosotros requerimos de una obra extendida de meditación guiados por el Espíritu Santo para hacer crecer nuestra fe y confianza en el Señor. Pablo lo explica de la siguiente manera:

> Por esta causa, pues, doblo mis rodillas ante el Padre de nuestro Señor Jesucristo, de quien recibe nombre toda familia en el cielo y en la tierra. Le ruego que Él les conceda a ustedes, conforme a las riquezas de Su gloria, el ser fortalecidos con poder por Su Espíritu en el hombre interior; de manera que Cristo habite por la fe en sus corazones. También ruego que arraigados y cimentados en amor, ustedes sean capaces de comprender con todos los santos cuál es la anchura,

la longitud, la altura y la profundidad, y de conocer el amor de Cristo que sobrepasa el conocimiento, para que sean llenos hasta la medida de toda la plenitud de Dios.

Efesios 3:14-19

Pablo está pidiendo que nos entusiasmemos con Su amor, que pensemos y hablemos en todo tiempo del amor y expresemos sentimientos de amor. Dicho de otro modo, que para confiar es necesario tener ejercitadas las facultades del alma.

El cuarto estímulo es ejercitarse para anticipar situaciones adversas en las que se necesita confiar en Dios. Lo que quisiera es que hagamos un ejercicio mental donde planteemos una posible situación adversa que nos llegue de forma repentina, el mal no ha llegado todavía, pero es posible que llegue inesperadamente. Imaginemos ese problema y también qué haríamos o necesitaríamos hacer para que el alma vuelva a confiar en Cristo.

Veamos este asunto en sentido general y luego particular. Primero consideremos las palabras de Jesús: «¿O qué rey, cuando sale al encuentro de otro rey para la batalla, no se sienta primero y delibera si con 10,000 hombres es bastante fuerte para enfrentarse al que viene contra él con 20,000?» (Luc. 14:31). Vivimos en una constante guerra espiritual y todo buen soldado imagina diferentes escenarios y hace los preparativos de lugar, planificando cómo resolver los posibles enfrentamientos. Jesús nos presenta ahora un caso familiar donde nuevamente se plantea una posible acción: «Me levantaré e iré a mi padre y le diré: "Padre he pecado contra el cielo y ante ti; ya no soy digno de ser llamado hijo tuyo; hazme como uno de tus trabajadores» (Luc. 15:18-19). El hijo pródigo planificó cómo enfrentar a su padre al volver a casa. Por lo tanto, Jesús mismo nos enseña que es importante que los creyentes se ejerciten en cómo resolver situaciones posibles, especialmente sobre un asunto tan importante y difícil como confiar en Dios.

Una de las cosas que suelen quitarnos el sueño son eventos futuros, inciertos o peligrosos. David escribe un salmo donde demuestra su confianza plena y evidente en Dios, la cual se convierte en un remedio contra el insomnio lleno de preocupaciones:

Yo me acosté y me dormí;
Desperté, pues el SEÑOR me sostiene.
No temeré a los diez millares de enemigos
Que se han puesto en derredor contra mí
¡Levántate, SEÑOR! ¡Sálvame, Dios mío!
Porque Tú hieres a todos mis enemigos
en la mejilla;
Rompes los dientes de los impíos.
La salvación es del SEÑOR.
¡Sea sobre Tu pueblo Tu bendición.
Salmo 3:5-8

Es importante notar el orden que establece el salmista. Él dijo que no temía la posibilidad del descanso nocturno porque si su imaginación le aterrorizaba con una posible calamidad, entonces buscaba recordar cómo Dios había librado a Su pueblo de sus enemigos en otras oportunidades. Así ponía su corazón a confiar en Dios y luego podía dormir tranquilo. Tengo que aclarar que no se trata de un asunto meramente mecánico, sino de un ejercicio mental de fe. No es como si simplemente se fuera a tomar una aspirina. ¡No es así! David supone una situación adversa posible y explica cómo usó el poder de la fe al afirmar que Dios lo sostiene y puede clamar para que venga a socorrerlo. Allí se parió, por decirlo de alguna manera, el fruto de la confianza. David explica la solución con un razonamiento apropiado al dar cuenta de que su protección es asunto de Dios y no de su propia fortaleza o sagacidad militar: «Porque Tú hieres a todos mis enemigos…».

También aprendemos a ejercitar nuestra confianza en Dios cuando nos anticipamos ante la eventualidad de una catástrofe universal:

Dios es nuestro refugio y fortaleza,
Nuestro pronto auxilio en las tribulaciones.
Por tanto, no temeremos aunque
la tierra sufra cambios,
Y aunque los montes se deslicen
al fondo de los mares;

Aunque bramen y se agiten sus aguas,
Aunque tiemblen los montes con
creciente enojo [...]
Estén quietos, y sepan que Yo soy Dios;
Exaltado seré entre las naciones,
exaltado seré en la tierra.
Salmo 46:1-3, 10

Parece que vinieron a la mente las profecías sobre la hecatombe que ha de caer sobre el mundo impío, de la cual los creyentes no están exonerados de sufrir en algún grado. Jeremías era un varón santo y bueno, pero igual padeció los dolores del castigo divino que cayó sobre el pueblo incrédulo. Entonces el creyente se prepara y dice que si le tocase pasar por tal calamidad, la solución fundamental es confiar en Dios y echar mano de Su promesa, reconociendo que el Señor nos ampara y fortalece en todo tiempo, aun cuando el universo sea puesto patas arriba. Siempre debemos mirar con los ojos de la fe lo que Dios ha hecho en el pasado a favor de Su pueblo y así encontrar una solución de confianza en Él frente a la eventualidad de una calamidad futura.

Cuánto consuelo hay en saber que el Dios inmutable siempre será así en sus tratos con Sus redimidos. Antes de darles la orden de confiar o creer en Él, primero los persuadirá de Su omnipotencia y nos ordenará que nos mantengamos quietos y descubramos Su carácter y Su obrar.

Es nuestro deber estar tranquilos y descubrir Su amorosa providencia. Nuestro Dios cuida y supervisa por completo toda la creación. Su voluntad es suprema en los cielos y en la tierra, y nosotros, hermanos, debemos amar y creer en la propuesta del profeta: «Bueno es el Señor para los que en Él esperan, para el alma que lo busca».

Podríamos también pensar en un eventual ataque de violencia en nuestra contra. David tuvo que enfrentar muchos momentos similares y su vida estuvo plagada de actos de violencia en su contra. Sin embargo, aprendió a confiar en Dios y cantó con seguridad:

Si un ejército acampa contra mí,
No temerá mi corazón;
Si contra mí se levanta guerra,
A pesar de ello, yo estaré confiado.
Una cosa he pedido al Señor, y esa buscaré:
Que habite yo en la casa del Señor todos
los días de mi vida,
Para contemplar la hermosura del Señor
Y para meditar en Su templo.
Porque en el día de la angustia me esconderá
en Su tabernáculo;
En lo secreto de Su tienda me ocultará;
Sobre una roca me pondrá en alto.
Salmo 27:3-5

El salmista usa la visión de la bondad de Dios como el recurso básico para confiar en Dios y apoyar su alma en esa verdad. Empieza diciendo:

El SEÑOR es mi luz y mi salvación;
¿A quién temeré?
El SEÑOR es la fortaleza de mi vida;
¿De quién tendré temor?
Salmo 27:1

David contrasta al Señor de la manera más atractiva y dulce para el alma al presentarlo como su luz, salvación y fortaleza. Por el contrario, las tres miserias propias de todos los mortales son la ignorancia, el peligro y la debilidad. Su corazón tuvo a Dios como la protección contra cualquier maldad, es decir, como lo que se denomina una santa confianza o un santo atrevimiento. La fe nos acerca a Dios y cuando es ejercitada confiamos en el Señor hasta el punto en que no nosotros, sino los enemigos tropiezan, caen y desaparecen (v. 2).

Hay un orden que debemos tener presente porque primero viene la fe, luego el fruto de la confianza y finalmente estas se ejercitan durante una situación en la que se necesitaría poner la confianza en acción, como, por ejemplo, ser rodeados por un ejército enemigo. La buena experiencia de la confianza en el Señor por necesidad siempre engendrará esperanza. Mediante la fe uno se acerca y la confianza permitirá ver el poder de Dios y bajo esa visión todas las cosas son como nada y por eso no teme más el corazón.

El quinto estímulo para confiar en Dios es buscar el apoyo de una promesa adecuada para cada caso. La verdad y bondad del Señor son siempre las mismas y esas fuentes divinas siempre están llenas y dispuestas a suplir mi necesidad. Lo que realmente necesito es abrir o tocar la puerta apropiada para que venga la ayuda, es decir, confiar en Dios requerirá descubrir la forma o el método que Dios quiera usar para un momento determinado. Dios es bueno con todos los que lo buscan y esperan en Él, y mientras vivamos en este mundo, mantendremos la esperanza en las promesas de Dios porque somos hijos de esperanza que siempre andaremos por fe. Cualquier bien esperado debe apoyarse en una promesa divina que es la manifestación de Su buena voluntad.

Sabremos si algo recibido viene del Señor o del enemigo a través de la manifestación evidente de Su buena voluntad o por las promesas en Su Palabra. Por ejemplo, el apóstol Pablo dice: «Porque la tristeza que es conforme a la voluntad de Dios produce un arrepentimiento que conduce a la salvación» (2 Cor. 7:10). Si alguno se entristece por su pecado y se arrepiente, con toda certeza puede decir que Dios lo ha perdonado. La razón es sencilla, el Señor ha prometido perdón a toda alma que se arrepienta o, en otras palabras, que confió en la promesa del perdón de Dios. Esa promesa para un caso específico viene por el canal adecuado.

También debemos saber que las palabras que salen de la boca de Dios no tienen reversa ni segundos pensamientos. Sobre la base de esta verdad es que los creyentes confían en las promesas de Dios. Así lo expresa el Señor mismo al inspirar al salmista:

No quebrantaré Mi pacto,
Ni cambiaré la palabra de Mis labios.
Una vez he jurado por Mi santidad;
No mentiré a David.
Salmo 89:34-35

Debemos educar nuestra alma para no pedirle más a Dios de lo que ha prometido. Por eso Jeremías dio una orden de fe a su alma de esperar solo en Dios, porque su confianza se apoyaba en la Palabra del Señor. El profeta le decía al Señor, «¿Por qué te olvidas para siempre de nosotros, y nos abandonas a perpetuidad?» (Lam. 5:20). Él sabía que el castigo sobre Jerusalén era temporal, aunque duraría un tiempo largo. Dios se deleita en prometer misericordia antes de ejecutarla. Por lo tanto, es un poderoso argumento que en nuestras oraciones de fe pidamos sobre lo que Dios ha prometido y esperemos con confianza y fe el cumplimiento de Sus promesas.

Los salmistas nos enseñan cómo debemos orar en las diferentes circunstancias de nuestras vidas. Por ejemplo, David dice: «Acuérdate de la palabra dada a Tu siervo, en la cual me has hecho esperar» (Sal. 119:49). La oración es el medio a través del cual expresamos la confianza y clamamos por el cumplimiento de lo prometido por Dios. Por ejemplo, digo que confío en lo que prometió y por eso pido que recuerde Su promesa. El confiar en Su promesa es hacer al Señor deudor nuestro por gracia. Esa es la hermosura del evangelio, porque Dios está comprometido con los que creen en Su Palabra. El salmista recurre a Dios para que se acuerde de la promesa y podría deducir que en la práctica de la confianza hay una dilación entre el tiempo de la promesa y cuándo se recibe. Confiamos en que Dios promete hacernos el bien, pero no es algo que sucede siempre de inmediato. Debo aclarar que este retraso no es falta de ternura o restricción en hacernos el bien. Por el contrario, el Señor obrará en el momento justo conforme a Su soberanía, tal como lo dice Isaías:

> Por tanto, el Señor desea tener
> piedad de ustedes,
> Y por eso se levantará para
> tener compasión de ustedes,
> Porque el Señor es un Dios de justicia;
> ¡Cuán bienaventurados son todos
> los que en Él esperan!
> Isaías 30:18

Él hace las cosas en el tiempo más apropiado porque es el único y sabio Dios. Nosotros confiamos en Sus promesas porque todo lo que Dios se proponga hacer lo hará en Su propio tiempo y poder conforme a Su voluntad soberana. El apóstol Pedro lo expresa con las siguientes palabras:

> Pues Su divino poder nos ha concedido todo cuanto concierne a la vida y a la piedad, mediante el verdadero conocimiento de Aquel que nos llamó por Su gloria y excelencia. Por ellas Él nos ha concedido Sus preciosas y maravillosas promesas, a fin de que ustedes lleguen a ser partícipes de la naturaleza divina...
>
> 2 Pedro 1:3-4a

Podría concluir diciendo que para confiar en Dios necesitas apoyarte sobre una promesa adecuada a tu caso, algo que el apóstol Juan resume con estas palabras: «Esta es la confianza que tenemos delante de Él, que si pedimos cualquier cosa conforme a Su voluntad, Él nos oye» (1 Jn. 5:14). Nuestro ruego debe estar de acuerdo con Su voluntad revelada o Sus promesas claramente establecidas en Su Palabra. Así seremos atendidos por Dios.

Las personas que están padeciendo alguna enfermedad o que tienen a alguien cercano enfermo siempre buscarán la sanidad que podría venir de Dios. No debemos olvidar las palabras de Dios al pueblo que salió de Egipto:

> Y Dios les dijo: «Si escuchas atentamente la voz del SEÑOR tu Dios, y haces lo que es recto ante Sus ojos,

y escuchas Sus mandamientos, y guardas todos Sus estatutos, no te enviaré ninguna de las enfermedades que envié sobre los egipcios. Porque Yo, el Señor, soy tu sanador»

Éxodo 15:26

David, como cualquiera de nosotros, no era inmune a padecer alguna enfermedad y por eso oró al Señor diciendo: «Ten piedad de mí, Señor, porque estoy sin fuerza; sáname, Señor, porque mis huesos se estremecen» (Sal. 6:2). Si le preguntáramos a David por qué le pide al Señor que lo sane, es muy probable que nos respondiera diciendo que confía en la promesa antigua de que Dios será nuestro sanador. Confió que Dios lo sanaría, porque así lo había prometido.

Aunque se trata de promesas de Dios, no significa que debamos reclamarlas o demandarlas. El rey de Nínive al escuchar del juicio de Dios sobre su nación dijo: «¡Quién sabe! Quizá Dios se vuelva, se arrepienta y aparte el ardor de Su ira, y no perezcamos» (Jon. 3:9). Un creyente ha sido rebelde a Dios y todavía así se abre la posibilidad de preservación por la sola misericordia de Dios. Si alguien está moviéndose entre confianza e incredulidad, dudas o desconfianza, entonces lo sabio sería pedir como una posibilidad, pero no demandar la promesa. Las palabras y la actitud debieran ser como las de Abraham: «No se enoje ahora el Señor, y hablaré solo esta vez. Tal vez se hallen allí diez» (Gén. 18:32). El patriarca estaba dejando en manos de Dios la respuesta porque conocía Su bondad. Esa misma actitud la tuvo el leproso que clamó delante del Señor Jesús: «Señor, si quieres, puedes limpiarme» (Mat. 8:2). Se trata de una actitud humilde que confía en que Dios escucha, pero le deja la respuesta al Señor porque sabe que Él es bueno.

Aplicación

En primer lugar, ocúpate en hacer el bien como Él lo hace contigo para que se estimule tu confianza en Dios. Se espera que seas como el fuego que convierte en llama todo cuanto toca. Procura que todos sean buenos tal como tú mismo imitas a Dios. Ten presente que tu perseverancia en hacer el bien es tu sabiduría. Dios ha prometido recompensar tus buenas obras y por eso nunca olvides Su promesa: «Y cualquiera que como discípulo dé a beber aunque sea solo un vaso de agua fría a uno de estos pequeños, en verdad les digo que no perderá su recompensa» (Mat. 10:42). La ternura mostrada a tus hermanos queda registrada y valorada en el libro de Cristo, pero su valoración no será de acuerdo con el costo material de tu regalo, sino de acuerdo con el amor y afecto con que lo hayas entregado. Haciendo el bien estarás estimulando tu confianza en Cristo.

En segundo lugar, mantén la esperanza en las promesas de Dios sin importar el tiempo transcurrido. El beneficio de algunas promesas divinas es como los primeros frutos maduros del verano, del árbol a la boca, pero con otros hay que esperar. La vida de Abraham lo ilustra claramente. La promesa fue: «El Señor lo llevó fuera, y le dijo: "Ahora mira el cielo y cuenta las estrellas, si te es posible contarlas". Y añadió: "Así será tu descendencia"» (Gén.15:5). Esa promesa fue dada al patriarca cuando tenía 75 años, pero Isaac no nació hasta unos 25 años después. De manera que con ciertas promesas hay que esperar y mantener la actitud de corazón del salmista:

> Como los ojos de los siervos miran a la mano
> de su señor,
> Como los ojos de la sierva a la mano
> de su señora,
> Así nuestros ojos miran al Señor nuestro Dios
> Hasta que se apiade de nosotros.
> Salmo 123:2

En tercer lugar, es posible que haya momentos en que vas a la iglesia y encuentras poco interés en conformarte a la Palabra de Dios. Si esa fuera tu experiencia, el consejo del Señor es que sigas esperando y buscándole. Él no avergonzará a los que esperan en Él. Juan registra el caso de un hombre paralítico que esperó treinta y ocho años ser visitado con una sanidad (Juan 5:5-8). Estuvo buscando en el lugar equivocado hasta que Jesucristo mismo lo encontró y lo sanó.

Por las ternuras y misericordias de Cristo te ruego que sigas visitando la iglesia con espíritu de fe. Te exhorto a que ores a Dios de esta manera: «Señor, vengo a tu casa a oír tu Palabra, mi corazón sigue duro, pero tú has prometido: «Todo lo que el Padre me da, vendrá a Mí; y al que viene a Mí, de ningún modo lo echaré fuera» (Juan 6:37). Por lo tanto y conforme a tu promesa te pido que me salves por tu misericordia».

En cuarto lugar, si no conoces al Señor, entonces el primer paso es el arrepentimiento. La providencia y la misericordia de Dios te ha permitido considerar estas verdades y tu mente en ocasiones te ha dicho que estás en falta frente a Dios. Ahora te digo:

> Por tanto, habiendo pasado por alto los tiempos de ignorancia [la tuya], Dios declara ahora a todos los hombres, en todas partes, que se arrepientan [ahora mismo mientras terminas de leer]. Porque Él ha establecido un día en el cual juzgará al mundo en justicia, por medio de un Hombre a quien Él ha designado, habiendo presentado pruebas a todos los hombres cuando lo resucitó de entre los muertos.
>
> Hechos 17:30-31.

Capítulo V

Advertencias para fortalecer la confianza en Dios

Hemos ido desarrollando nuestro tema con respecto a la confianza en Dios. Se trata de un compromiso de vida y no solo de depender de Él porque procuramos el bien que necesitamos. La confianza nos lleva a encomendar nuestra alma al Creador y nos esforzamos por tener una conducta comprometida con hacer el bien, que está estimulada por la obediencia que tranquiliza el corazón. No podemos vivir sin confiar en Dios porque perdemos la esencia de la vida cuando la descuidamos. Por último, la confianza en Dios es una vía espiritual que está guiada por el Espíritu Santo y está bajo la luz de Jesucristo que no depende del razonamiento carnal. Ya vimos algunos estímulos que fomentan la confianza en Dios. Ahora dirigiremos nuestra atención a algunas advertencias necesarias para mantener nuestra confianza enfocada en Dios.

Primera advertencia: Ejercítate en cultivar sencillez de corazón para con Dios. No es un secreto que los creyentes contemporáneos vivimos en una época de mucha oposición a nuestra fe. Como agravante, los incrédulos irán de mal en peor, lo cual aumentará el peligro, porque nos harán directa oposición y nos tendremos que mover bajo una atmósfera de mala influencia. Digo peligro en el sentido de la posibilidad de caer y no hay duda de que la caída está cercana si es que una persona en peligro, por ejemplo, apoya un pie sobre una tabla débil y el otro sobre una fuerte. Es preciso que sus dos pies se apoyen sobre una tabla segura y fuerte. En tiempos como los que vivimos es fundamental que nos apoyemos única y exclusivamente sobre la roca, es decir, confiar solamente en el Señor. Quienes pretendan confiar en Dios y en las criaturas no alcanzarán la tan ansiada seguridad para sus vidas.

Quisiera presentarles una nota de equilibrio antes de continuar. Invocar a Dios con sencillez de corazón y confiar en Él es una lección difícil de aprender. Mientras andemos en este cuerpo caído, siempre estaremos por debajo de lo que requiere el Señor. Sin embargo, lo digo como nota de consuelo a los débiles, en especial cuando notan debilidad en su confianza en Dios. El corazón humano es falso e inclinado a desconfiar del Creador. Esa es nuestra realidad y por eso debemos recordar que el cristiano es un ser en crecimiento y no permanece igual. Así lo vivió Jeremías, que en un momento llegó a decir, «Y mi alma ha sido privada de paz, he olvidado la felicidad. Digo, pues: "Se me acabaron las fuerzas, y mi esperanza que venía del SEÑOR"» (Lam. 3:17-18). Ahora escuchemos sus palabras un tiempo después: «Bueno es el Señor para los que en Él esperan, para el alma que lo busca» (Lam. 3:25). Es evidente que hubo un crecimiento y Jeremías ya no era el mismo.

Es cierto que siempre habrá creyentes débiles y otros fuertes en la fe en un momento dado. Eso nos conduce a concluir que en la fe y en el desarrollo del fruto de confiar en el Señor siempre habrá grados en los que siempre buscaremos crecer para la gloria de Dios. Entonces, la manera en que llevemos el corazón a esta sencillez o confianza solo en Dios no está en nuestro poder o naturaleza, sino que es necesario pedirlo primero a Dios en oración para llevar el alma a la confianza en Dios. Volviendo al testimonio de Jeremías, notamos este mismo clamor sincero a Dios en medio de su pesar y angustia: «Aun cuando clamo y pido auxilio, Él cierra el paso a mi oración [...] Acuérdate de mi aflicción y de mi vagar, del ajenjo y la amargura» (Lam. 3:8, 19). El profeta estuvo orando y suplicando que Dios le respondiera. Luego se da una orden espiritual de paciencia a él mismo: «Esto traigo a mi corazón, por esto tengo esperanza: Que las misericordias del Señor jamás terminan, pues nunca fallan Sus bondades» (Lam. 3:21-22). Orar es pedir confiando en el Señor. Si después de orar tu corazón se aquieta, entonces puedes concluir que estás confiando en Dios.

Cuando uno lee sobre las circunstancias y las respuestas personales del escritor de Lamentaciones, no lo tomamos como una simple narración histórica, sino como nos enseña el apóstol Pablo que debemos verla al decirnos: «Porque todo lo que fue escrito en tiempos pasados, para nuestra enseñanza se escribió, a fin de que por medio de la paciencia y el consuelo de las Escrituras tengamos esperanza» (Rom. 15:4). El Espíritu Santo inspiró todo lo escrito en la Biblia para nuestra enseñanza. Cada pasaje bíblico tiene una enseñanza para el bien del alma humana. Por eso aprendemos de la forma en que Jeremías enfrentó sus difíciles circunstancias para aprender a confiar en Dios y acercarnos al Señor con sencillez de corazón. Del mismo apóstol Pablo también aprendemos de la forma en que confió en Dios en sus propias circunstancias complicadas:

> Porque no queremos que ignoren, hermanos, acerca de nuestra aflicción sufrida en Asia. Porque fuimos abrumados sobremanera, más allá de nuestras fuerzas, de modo que hasta perdimos la esperanza de salir con vida. De hecho, dentro de nosotros mismos ya teníamos la sentencia de muerte, a fin de que no confiáramos en nosotros mismos, sino en Dios que resucita a los muertos.
>
> 1 Corintios 1:8-9

Pablo cuenta su experiencia con el propósito de instruirnos sobre cómo Dios obra con Sus hijos y les enseña a confiar en Él. El apóstol reconoce que sintió que su vida estaba en peligro inminente, como sentenciado a muerte, pero ese pronóstico devastador fue el instrumento que lo llevó a no confiar en él, sino en Dios mismo. El objetivo divino no fue hacerlo sufrir, sino que esas terribles circunstancias fueran una vía para llevarlo a un lugar más alto. Lo mismo sucedió con Jeremías, quien fue puesto a sufrir para ser llevado por Dios a reconocer que Él es bueno para con los que esperan en Él. Por ejemplo, el carpintero derrumba la casa, no por el mero deseo de arruinarla, sino con el objeto de construir otra con mejor fundamento. La obra del cirujano no es hacer sangrar al paciente o debilitarlo, sino extraer el tumor y sanarlo. El objeto de las aflicciones es mortificar nuestra autoconfianza y crecer en una sencillez de corazón que confíe en Dios.

Podría decir que la vacuna contra el terrible y común virus de la autoconfianza y la confianza en las criaturas es la confianza en un Dios que resucita a los muertos. Cuando Pablo se vio perdido, enfocó su mente en dos asuntos clave: la omnipotencia y la bondad del Señor se podrían resumir en que resucitó a Cristo de entre los muertos para que nosotros resucitemos con Él. Si tú descubres ese poder incalculable y único en el Señor, entonces tu corazón puede inclinarse con sencillez para confiar en el Creador. Hay una enseñanza de Jesús muy conocida pero muy poco creída, y por eso le prestamos poca consideración: «En verdad les digo que si el grano de trigo no cae en tierra y muere, se queda solo; pero si muere produce mucho fruto» (Juan 12:24). Compara esta realidad con lo que puede hacer el ingenio humano. Por ejemplo, sin conexión alámbrica un teléfono celular permite hablar con cualquier persona en todo el mundo. Entonces, podríamos preguntarnos si la naturaleza hace eso con las semillas, y el hombre con la tecnología ¿no podrá Dios resucitar a los muertos? Entonces, cuando te topes con la mayor adversidad, lleva tu corazón a confiar en el Dios que es capaz de resucitar a los muertos.

Segunda advertencia: Considérate como un peregrino cristiano. Todavía no has llegado a tu patria y por el momento eres simplemente un peregrino. Hay muchas cosas que son necesarias mientras peregrinamos, pero nuestro tesoro no está aquí abajo y por eso andamos por fe y no por vista (2 Cor. 5:7). La fe tiene el poder de hacer visible lo invisible, porque a través de los ojos de la fe se hacen visibles las promesas escondidas en Su Palabra. La naturaleza de la fe cristiana hace que los cristianos obren donde no se ve nada humanamente hablando, sino que esperan en el poder de Dios. Por eso se dice del pueblo hebreo antiguo: «Por la fe pasaron el mar Rojo como por tierra seca» (Heb. 11:29). Es en ese tipo de situaciones donde Dios muestra con mayor brillo Su poder y bondad. Por lo tanto, tu labor principal como peregrino es fortalecer tu fe y responder confiando que el Señor siempre se manifestará en poder y sabiduría en tus peores tiempos.

Puede sonar paradójico, pero la desesperación es el fundamento de la esperanza. El viejo refrán dice que nunca es más oscuro que cuando va a amanecer. Dios ha dejado un testimonio claro de Su obrar a lo largo de los tiempos y por eso si un creyente conoce poco de cómo el Señor libra o salva a los suyos, entonces estaría más inclinado a la desesperación y a desconfiar del Señor. Un creyente más maduro, por el contrario, encontrará consuelo aun al inicio de sus adversidades, porque tiene su confianza en el Señor. El creyente verá muchas más puertas abiertas en las dificultades porque es llevado por el Espíritu Santo a confiar en Dios. David nos vuelve a enseñar cómo confiar en Dios en medio de las adversidades. Uno de sus salmos tiene una introducción muy precisa en donde se habla de los problemas que estaba teniendo con los edomitas. David empieza el salmo reconociendo su dolor y afirma, «Oh Dios, Tú nos has rechazado, nos has quebrantado, te has enojado. Restáuranos, oh Dios» (Sal. 60:1). Su situación no podía ser peor y David no duda en presentar su clamor al Señor. La manera correcta y beneficiosa de ver al Señor no es a través de nuestro propio juicio, sino que debemos verlo en Su santuario o de acuerdo con lo que ha revelado de sí mismo en Su Palabra. Notemos que el salmista conocía la manera en que Dios opera, sus ojos de fe estaban bien desarrollados y por eso en medio de sus calamidades encuentra consuelo en el Señor y pide en oración:

Danos ayuda contra el adversario,
Pues vano es el auxilio del hombre.
En Dios haremos proezas,
Y Él pisoteará a nuestros adversarios.
Salmo 60:11-12

Su fe produjo confianza y se consoló y afirmó con la plena seguridad de que Dios obraría, y asegura el futuro bajo la certeza de que Dios los fortalecerá, pero, sobre todo, Dios mismo actuará con poder. Se sostuvo en entendimiento humano. Esta misma actitud la encontramos nuevamente en David cuando afirma:

Aborrezco a los que confían en ídolos vanos;
Pero yo confío en el Señor.
Me gozaré y me alegraré en Tu misericordia,
Porque Tú has visto mi aflicción;
Has conocido las angustias de mi alma,
Y no me has entregado en manos del enemigo;
Tú has puesto mis pies en lugar espacioso.
Salmo 31:7-8

Me atrevo a decir que la época en que Dios más se goza en los creyentes es cuando están empapados en lágrimas.

Las palabras de David son como si le dijera al Señor que Él sabe que vive por fe, pues también en medio de sus angustias sigue confiando en Sus promesas. Es un peregrino que camina confiando en Su Señor mientras recorre tierras que no le pertenecen, porque es ciudadano del reino de los cielos.

Tercera advertencia: Cultiva en tu alma una alta estima por la gracia de la fe. La mente natural valora el dinero, la honra y los placeres por encima de la fe en Cristo y la obediencia a Su Palabra. Por lo tanto, es necesario un esfuerzo constante para cultivar intencionalmente esta estima divina. Pedro tenía claro que la fe es sometida a prueba con un propósito determinado:

> Mediante la fe ustedes son protegidos por el poder de Dios, para la salvación que está preparada para ser revelada en el último tiempo. En lo cual ustedes se regocijan grandemente, aunque ahora, por un poco de tiempo si es necesario, sean afligidos por diversas pruebas, para que la prueba de la fe de ustedes, más preciosa que el oro que perece, aunque probada por fuego, sea hallada que resulta en alabanza, gloria y honor en la revelación de Jesucristo.
>
> 1 Pedro 1:5-7

Es cierto que con el dinero se compran muchos bienes terrenales, pero solo son útiles en este mundo y no más allá.

Sin embargo, la fe es infinitamente más valiosa. Obtener dinero requiere mucho esfuerzo, pero el Padre pagó con la sangre de Su Hijo para darnos la fe en Cristo. Ese valor es inconmensurable y nada ni nadie podrá comprarlo con sus bienes o con sus esfuerzos.

Tenemos que ser sinceros y reconocer que vivimos más por los sentidos que por la fe cuando todas las cosas están quietas y estamos cómodos. El valor de un soldado tampoco puede conocerse en tiempos de paz o fuera de la acción militar. La fe se prueba en los momentos difíciles y por eso debemos aprovechar los tiempos de paz para fortalecer la fe, de tal modo que cuando llegue la adversidad estemos preparados para la prueba, porque tarde o temprano la prueba llegará.

La fe es lo más valioso que existe en esta tierra porque es como una cuerda poderosa que une tu alma con tu Salvador. Por lo tanto, procura que tu fe sea cada vez más fortalecida, es decir, en términos prácticos significa que tu corazón no sea ahogado con vanidades, aterrorizado y paralizado por los problemas, ni que seas vencido por la tentación. Todo eso podría pasar si tu fe se debilitara o si dejaras de ver el valor y la excelencia de las cosas divinas. El Señor Jesús estimulaba la fe en Sus discípulos así: «Entonces el Señor les dijo: "Si tuvieran fe como un grano de mostaza, dirían a este sicómoro: 'Desarráigate y plántate en el mar' y les obedecería"» y «Todas las cosas son posibles para el que cree» (Luc. 17:3; Mar. 9:23).

Ante las calamidades que ocurren en la vida tienes la opción de honrar o despreciar tu fe. Multitud de calamidades cayeron sobre Job, pero debido al poder y la excelencia de su fe en Dios su espiritualidad permaneció intacta y al final su estado fue superior al primero. Más aún, la fe tiene gran poder y beneficio sobre los corazones y la conciencia. El bien y la paz son valiosos pero muy escasos y solo vienen por medio de la fe. Por eso nuestra oración es como la del salmista: «Hazme entender el camino de Tus preceptos, y meditaré en Tus maravillas. De tristeza llora mi alma, fortaléceme conforme a Tu palabra» (Sal. 119:27-28). Le pedimos al Señor que fortalezca nuestra fe, abra nuestros ojos a Sus cosas y así nos deleitaremos en Él. David pide fortalecer su fe para poder meditar en las maravillas de Dios. Por lo tanto, cultiva en tu alma una alta estima por la gracia de la fe.

Cuarta advertencia: Tu situación pudo haber sido peor. Jeremías nos ha contado cómo vivió bajo mucha aflicción y llegó a considerar a Dios como un enemigo enojado contra él. No veía a Dios escuchando su oración. Todas sus palabras evidencian que en ese momento era incapaz de ver la bondad de Dios en medio de sus circunstancias.

Pero notamos un cambio brusco en sus palabras cuando dice: «Que las misericordias del SEÑOR jamás terminan, pues nunca fallan Sus bondades» (Lam. 3:22). Ahora reconoce que el Señor es muy bueno para con él, porque siempre pudo haber sido peor. Por lo tanto, si has estado pasando por una aflicción amarga es importante que le digas a tu alma, como lo hizo Jeremías, que siempre pudo haber sido peor, pero el Señor siempre renovará Su misericordia por la mañana, nunca fallarán Sus bondades y podemos decir al unísono con el profeta:

¡GRANDE ES TU FIDELIDAD!
Lamentaciones 3:23

Jeremías se veía a él mismo y a su nación en un estado deplorable de ruina extrema, pero, aun así, la misericordia del Señor estaba con ellos. Dicho de otro modo, merecíamos ser destruidos, pero no nos destruyó. El profeta al inicio de su libro reconoce que la nación está en ruinas:

Jerusalén recuerda en los días de su
aflicción y su vagar
todos sus tesoros
Que existían desde los tiempos antiguos,
Cuando su pueblo cayó en manos
del adversario
Sin que nadie la ayudara.
Al verla sus adversarios,
Se burlaron de su ruina.
Lamentaciones 1:7

El templo fue arrasado y los habitantes de todos los niveles sociales estaban en un estado deplorable. La sangre corría por la ciudad y el pecado era la gran causa de todo este terrible asolamiento:

En gran manera ha pecado Jerusalén,
Por lo cual se ha vuelto cosa inmunda.
Todos los que la honraban la desprecian
Porque han visto su desnudez,
Y ella gime y se vuelve de espaldas.
Su inmundicia está en sus faldas;
No consideró su futuro,
Por tanto ha caído de manera sorprendente;
No hay quien la consuele.
«Mira, oh SEÑOR, mi aflicción,
Porque se ha engrandecido el enemigo».
Lamentaciones 1:8-9

Yacen por tierra en las calles
jóvenes y ancianos;
Mis vírgenes y mis mancebos
Han caído a espada.
Has matado en el día de Tu ira,
Has hecho matanza, no has perdonado.
Lamentaciones 2:21

En aquella ruinosa calamidad, el vocero divino trae palabras de consuelo en medio de aquella ruina calamitosa y proclama la compasión de Dios por Su gran misericordia en medio de tamaña aflicción:

Porque el Señor no rechaza para siempre,
Antes bien, si aflige, también se compadecerá
Según Su gran misericordia.
Porque Él no castiga por gusto
Ni aflige a los hijos de los hombres.
Lamentaciones 3:31-33

El profeta pronuncia con gran confianza y esperanza la corona de este santo razonamiento: «El SEÑOR es mi porción, dice mi alma, por tanto en Él espero» (Lam. 3:24). En el mismo sentido, el puritano Thomas Brooks dijo: «La hermosura, excelencia y gloria de cientos de versículos bíblicos son resumidos en este [pasaje]». Yo podría afirmar que Dios es bueno para con nosotros a pesar de todas nuestras aflicciones y calamidades. Entonces, si miramos esta porción bíblica con los ojos de la fe, podemos afirmar con certeza que no debemos temer lo que nos pueda suceder. Todo puede ser una total desolación, como lo era la Jerusalén de Jeremías, pero junto con él podemos decir: «Las misericordias del SEÑOR jamás terminan, pues nunca fallan Sus bondades». Nuestra situación siempre pudo haber sido peor, pero el Señor siempre actúa a diario por nosotros. Eso nos hace adorar al Señor y cantar con David:

Bendito sea el Señor,
que cada día lleva nuestra carga,
El Dios que es nuestra salvación.
Salmo 68:19

Te invito a que pienses por un momento solo en la cantidad de personas que Dios puso a trabajar para que te fuera tan fácil llevarte el pan a tu boca. Solo quien esté de tu lado trabaja para tu beneficio. Haz un recuento de todo lo que te proveyó en tantas áreas de tu vida y notarás que nada te faltó para mantenerte con vida. Es cierto que un día moriremos, pero ese día solo lo conoce el Señor y le pertenece a Su sola potestad. Sin embargo, estás vivo y la razón por la que muchos peligros no te alcanzaron para quitarte la vida es solo la misericordia de Dios. El Señor es quien perdona nuestros pecados y no permite que su ira sea derramada sobre nosotros y nos destruya (Sal. 78:38). Cuando Dios pospone el castigo que merecemos es una especie de perdón. No podemos decir que se trata de un perdón total para salvación, pero en términos terrenales sí que es darnos una oportunidad más.

En el mismo sentido, te aseguro que no faltó en tu vida algún momento cuando pensaste que esa dolencia que padecías era un cáncer o que esa enfermedad podía llevarte a la muerte, pero no sucedió, llegó algún remedio y pudiste sanar y continuar con tu vida. Podría decir que tuviste una casa donde protegerte del clima y Jesús no la tuvo. Tuviste y tienes una cama para reposar y suavizar los dolores de tus enfermedades, ropa para vestirte y comida para tu sostén, porque el Señor te sostiene y te sana por Su soberana voluntad (Ex.15:26). Más aún, los bienes que el Señor te otorgó en el pasado no fueron simples cosas prácticas, sino que fueron placenteros para que los disfrutes. La comida no solo trajo nutrientes para tu cuerpo, sino que estuvo también bien sazonada. Podría extender la idea y decir que por la misericordia de Dios la ropa es dc hermosos colores, la casa está bien pintada, tus calles pavimentadas, tus comunicaciones no pueden ser más fáciles debido a los celulares. El Señor te dio bienes, sostiene tu vida y la llenó de agradables adornos. Por supuesto, no ha sido de acuerdo con tus caprichos, pero sí por sus abundantes misericordias.

Es importante aclarar que la mayoría de los sufrimientos no son por hacer la voluntad de Cristo, sino por muchas otras causas. Una cosa es ser castigado y otra muy distinta sufrir al vivir en este mundo imperfecto. El castigo es por ser culpable, no así el sufrir. Si alguien, por ejemplo, pone su dinero en una financiera que paga intereses altos, pero es de alto riesgo y pierde sus ahorros, no sufrirá por inocencia, sino por su imprudencia. Podría decir que se trata de un dolor que no tiene valor espiritual, pero que sí puede ser usado por Dios para llevarnos a Él. El instrumento del dolor es injusto, pero la causa es justa, ya que puso su dinero por codicia o arriesgando su patrimonio. Salomón dice de los imprudentes: «El hombre prudente ve el mal y se esconde, los simples siguen adelante y pagan las consecuencias» (Prov. 27:12). Por el contrario, los que sufren por Dios son inocentes, pacientes y padecen injustamente. Allí radica su ventaja. Por eso, Pedro les aconseja: «Así que los que sufren conforme a la voluntad de Dios, encomienden sus almas al fiel Creador, haciendo el bien» (1 Ped. 4:19). Es preferible sufrir, que pecar. Por lo tanto, levanta tu corazón con acciones de gracias al Señor porque tu situación pudo haber sido peor.

Quinta advertencia: Todo puede fallarte, pero no la compasión del Señor. Jeremías afirmó con mucha seguridad y confianza que la misericordia de Dios estaba presente y que Sus bondades nunca fallan. No solo eso, sino que «son nuevas cada mañana» (Lam. 3:23). Así se manifiesta la grandísima fidelidad del Señor. Jeremías escribió por inspiración del Espíritu Santo y podemos inferir en sus palabras que podemos detenernos en cualquier instante de la vida y siempre al mirar hacia atrás veremos como único sostén de nuestras vidas a la misericordia de Dios en una constante renovación diaria. Ya hemos repasado en varias oportunidades la tremenda devastación en que se encontraba Jerusalén cuando el profeta escribió su libro. Sin embargo, proclamó: «¡Grande es Tu fidelidad!». Por lo tanto, puedo afirmar que siempre habrá compasión divina para Su pueblo, aun en medio de Su enojo. No se trata de simple misericordia, sino de una multitud de misericordias. Pablo y Bernabé hablarían de esa compasión mucho tiempo después diciendo: «[Dios] no dejó de dar testimonio de Él mismo haciendo bien y dándoles lluvias del cielo y estaciones fructíferas, llenando sus corazones de sustento y de alegría» (Hech. 14:17).

También debemos saber que no hemos sido consumidos porque el Ser Divino no cambia. Moisés expresó estas palabras cuando el Señor le mostró Su gloria: «Entonces pasó el Señor por delante de él y proclamó: "El Señor, el Señor, Dios compasivo y clemente, lento para la ira y abundante en misericordia y verdad» (Ex. 34:6). De seguro habrás notado la vehemencia de Moisés al repetir el nombre de Dios como si expusiera todos sus sentimientos en las características divinas que mencionaría. El nombre de Dios servía para hacer el asunto seguro y con el más amplio énfasis o respaldo posible al enfatizar todo el ser divino.

Me llama mucho la atención que el mensaje del profeta se relacione directamente con el tiempo y de manera particular con nuestro tiempo. Toma en cuenta que «nunca» se asocia con tiempo. En el mismo sentido, «fallan» está en tiempo presente y podría decir que «nuevas» se presenta como una renovación en el tiempo, en donde «mañana» es parte de nuestro tiempo y «fidelidad» se observa a lo largo del tiempo. Podría concluir en que Dios ha prometido estar con Su pueblo en todo tiempo, en nuestro presente y en el futuro por toda la eternidad.

Lo que queda sumamente claro es que los favores del Creador son desde la eternidad y seguirán por toda la eternidad como un tesoro inagotable. Ni la necesidad ni el tiempo pueden extinguirlo. Es por eso que David, con sobradas razones, dice:

Porque Tu misericordia es mejor que la vida,
Mis labios te alabarán.
Así te bendeciré mientras viva,
En Tu nombre alzaré mis manos.
Salmo 63:3-4

Todo puede fallarte, pero no el favor de Dios. En todas y cada una de tus situaciones, la misericordia y la bondad de Dios no te falló y nunca te fallará. Lo que hemos visto hasta ahora se puede resumir diciendo que el Señor es fiel a Su Palabra y a Sus promesas. Podría decir que Cristo nunca, absolutamente nunca, quebrantará Su Pacto de amor con Su Iglesia. Nunca aflige, castiga o pone a Su pueblo a sufrir sin una causa justa y sabia. Nuestras quejas disminuirían mucho si creyéramos en esa gran verdad y pudiéramos recobrar la paz de corazón con mayor prontitud, porque todo y todos pueden fallarte, pero nunca Cristo. Considera al marinero que rema en su bote. Él no espera que la costa se acerque, sino que lleva con esfuerzo su bote hasta la costa. Haz lo mismo y serás feliz.

Aplicación

En primer lugar, ten presente que tu Dios no olvida la vieja creación. El pecado entró a este mundo por un hombre y eso provocó su ruina y la entrada de la muerte. Sin embargo, Dios envió a Su Hijo Unigénito para restaurar todas las cosas. Jesús venció el pecado y resucitó de entre los muertos para justificar al pecador que cree. Esa gran verdad del evangelio estimula nuestra confianza. Nunca podrás ver todo como perdido porque tienes la seguridad de que el poder de Dios que resucitó a Jesús de entre los muertos está a tu favor. El Señor no concluirá su obra hasta que haya resucitado nuestros cuerpos de la muerte. Por eso sabemos, como dijo Jeremías, que el Señor es bueno para los que en Él esperan y le buscan.

En segundo lugar, no consideres tus problemas como enemigos, sino como amigos. Las adversidades siempre traen cosas buenas para los creyentes que creen que Dios es soberano sobre todas las cosas y por eso nos ayudan a bien (Rom. 8:28). Te aseguran de que eres hijo de Dios y no impío, como lo dice el autor de Hebreos: «Pero si están sin disciplina, de la cual todos han sido hechos participantes, entonces son hijos ilegítimos y no hijos verdaderos» (Heb. 12:8). Es mucho mejor ser corregido que no ser partícipe de la herencia por no ser parte de la familia. Un examen de los salmos de David permite encontrar que sus mejores canciones fueron escritas en tiempos de lágrimas para el bien suyo y el nuestro. El sufrimiento puede convertir a un mal hombre en bueno y si es bueno lo hará aún mejor, pero nunca peor. No consideres tus problemas como enemigos, sino como amigos. El creyente fiel es la única persona que pueda cantar en medio de la tormenta:

Entonces en su angustia clamaron al Señor,
Y El los salvó de sus aflicciones.
Salmo107:19

En tercer lugar, la palabra conversión que a veces suena solo como una palabra religiosa es en realidad un traslado de tu muerte espiritual a la vida. El evangelio es una doctrina que vino de Dios revestido del poder del Espíritu Santo para salvación. El evangelio es el medio para resucitar a los que están muertos en sus pecados y hacerlos vivir en Cristo. Si escuchas el llamado de Dios a la salvación, aprovecha la cercanía, pídele que te perdone y te haga vivir para Su gloria y tu bien eterno.

Te aseguro con toda certeza que si te quedas como estás, es decir, sin Cristo, de seguro no podrás llevar nada contigo al salir de este mundo. Pero si escuchas la voz del Señor y abres la puerta de tu corazón a Su Espíritu, Dios te abrirá el cielo. Hoy mismo podría ser el inicio de tu caminar a la gloria eterna. Sabes que el anhelo de tu corazón es una vida segura y por eso te digo que está a tu alcance el obtener tal bendición, porque como el apóstol Pablo podemos decir: «Porque yo sé en quién he creído, y estoy convencido de que Él es poderoso para guardar mi depósito hasta aquel día» (2 Tim. 1:12).

Sólo Cristo puede darte salvación,
ven en oración y entrégate a Él.

Capítulo VI

Mi porción y mi confianza están en el Señor

Bueno es el SEÑOR para los que en Él esperan,
Para el alma que lo busca.
Lamentaciones 3:25

Hemos visto cómo el Señor trabajó en el corazón de Jeremías, la confianza en Él en medio de la profunda devastación que el profeta observaba y sufría a su alrededor. Sabemos que tanto los procesos de la naturaleza como los espirituales tienen etapas de comienzo y final. Como he dicho, al final de cualquier ciclo que experimentemos como cristianos, siempre nos acercaremos un paso más para poseer lo que Dios nos ha prometido en Cristo. Como llegó a decirlo el profeta:

«El Señor es mi porción», dice mi alma,
«Por tanto, en Él espero».
Bueno es el Señor para los que en Él esperan,
Para el alma que lo busca.

Bueno es esperar en silencio
La salvación del Señor.
Lamentaciones 3:24-26

El libro de Lamentaciones recoge asuntos amargos de la historia del pueblo santo y esa realidad se resume en el nombre del libro. Los contemporáneos de Jeremías vivieron una experiencia desesperante al ver a la nación judía asolada, Jerusalén destruida, el templo arrasado, la sociedad desmembrada y aun el profeta Jeremías, un hombre santo y bueno, no pudo escapar de esa profunda aflicción, hasta el punto de percibir a Dios como si fuera su enemigo: «He venido a ser objeto de burla de todo mi pueblo, su canción todo el día. Él me ha llenado de amargura, me ha embriagado con ajenjo» (Lam. 3:14-15). Sin lugar a duda, era como un hombre desprovisto de consuelo, porque si Dios está contra uno, no hay, ni en los cielos ni en la tierra, quien pueda darnos una mano de ayuda. Sin embargo, nos maravillamos ante su sabiduría porque buscó darle un vuelco a sus reflexiones y llegó a decir:

Esto traigo a mi corazón,
Por esto tengo esperanza:
Que las misericordias del Señor
jamás terminan,
Pues nunca fallan Sus bondades.
Lamentaciones 3:21-22

Jeremías tomó la mejor resolución y escogió su tesoro al afirmar que su porción era el Señor y solo en Él tendría su esperanza. Esa es la decisión que debe tomar todo cristiano en medio de cualquier circunstancia por la que atraviese. Analicemos brevemente la decisión del profeta. En primer lugar, la palabra «porción» significa una parte de un todo mayor o una parte que es diferente del todo. Es como si el profeta dijera que su felicidad es Dios mismo, porque dice que su porción no es criatura alguna o alguna propiedad o bien, sino Dios mismo. David expresa esta misma idea con las siguientes palabras:

El Señor es la porción de mi herencia
y de mi copa;
Tú sustentas mi suerte.
Las cuerdas me cayeron en lugares agradables;
En verdad es hermosa la herencia
que me ha tocado.
Salmo 16:5-6

Jeremías no afirma que Dios es su porción futura, sino su posesión presente y ayuda eficaz en medio de las calamidades. Sus días eran realmente malos y su queja no podía ser de mayor amargura, pero allí echa mano de lo único que verdaderamente posee y resuelve afirmando que su porción es el Señor. La gracia divina silenció su queja de inmediato. Es la misma experiencia de la que habló el profeta Isaías:

Mas ahora, así dice el Señor tu Creador,
Oh Jacob,
Y el que te formó, oh Israel:
«No temas, porque Yo te he redimido,
Te he llamado por tu nombre; Mío eres tú.
Cuando pases por las aguas, Yo estaré contigo,
Y si por los ríos, no te cubrirán,
Cuando pases por el fuego, no te quemarás,
Ni la llama te abrasará».
Isaías 43:1-2

La idea es que Dios estará con nosotros cuando las aguas asfixien, los ríos ahoguen y el fuego consuma. El Señor estará contigo en medio de tus asfixiantes problemas. David reafirma esta verdad al decir: «A Ti he clamado, SEÑOR; dije: "Tú eres mi refugio, mi porción en la tierra de los vivientes"» (Sal. 142:5). Él no dice que Dios era su porción en el otro mundo, sino ahora mismo en medio de sus circunstancias. Por eso, en otro salmo insiste en esta misma idea:

Mi carne y mi corazón pueden desfallecer,
Pero Dios es la fortaleza de mi corazón y mi
porción para siempre.
Salmo 73:26

Las cosas buenas de esta vida son como flores que solo se disfrutan por una breve temporada, porque pronto se marchitan y perecen. El hombre sin Dios vive como en un sueño del que se despierta en su muerte solo para experimentar un terrible final. Allí aprende que el mundo está bajo el maligno y que vivió bajo un constante engaño. Por el contrario, el piadoso tiene otra visión de la vida; su felicidad es Dios y nadie puede quitárselo, ni siquiera la muerte, porque su felicidad es Dios mismo. Una porción es valiosa si es buena y nada más bueno que el Creador. Por lo tanto, el Señor es nuestra fuente original, independiente, principal, infinita y eternamente buena. Él es nuestra porción eterna.

Jeremías le habla a su propia alma, es decir, a su hombre interior, su corazón, su mente, su espíritu o entendimiento. El profeta dice que, aunque esté ahogándose en medio de un mar de aflicción, problemas o calamidades, aun con todo en contra, su corazón ha reconocido dentro de sí mismo en todo su ser que su única porción es Dios. Ahora puede levantar erguida su cabeza frente al peligro amenazador que todas las calamidades y miserias han traído consigo. El miedo constante de los humanos es la certeza de los problemas, pero los hombres y mujeres cuya porción es el Señor cantan confiados junto con David:

> Porque en el día de la angustia me
> esconderá en Su tabernáculo;
> En lo secreto de Su tienda me ocultará;
> Sobre una roca me pondrá en alto.

Entonces será levantada mi cabeza sobre mis
enemigos que me cercan,
Y en su tienda ofreceré sacrificios
con voces de júbilo;
Cantaré, sí, cantaré alabanzas al Señor.
Salmo 27:5-6

Jeremías concluye que esperará en Dios. Esperar significa aquí algo más que confiar porque se trata de una paciente espera en la misericordia del Señor o esperar en confianza hasta cuando Dios quiera. Sabemos que el profeta atravesaba por una aflicción muy amarga, pero de pronto fue iluminado y es como si se dijera a sí mismo: «Esto es lo mío, no quiero otra cosa y por lo tanto en Él esperaré». Nadie confía en Dios a menos que sea bajo la iluminación del Espíritu de gracia. Reconocer a Dios como nuestra porción requiere de la convicción del Espíritu que nos permite ver a Dios como lo único pleno y suficiente para nuestras vidas. Veamos ahora algunas lecciones finales de lo que significa la confianza plena en el Señor.

La primera lección es que tu eterna felicidad dependerá de que Dios sea tu porción. El primero de los diez mandamientos que Dios dio al pueblo dice: «No tendrás otros dioses delante de Mí» (Ex. 20:3). Dios no será «tu Dios» a menos que ocupe el lugar máximo en tu corazón. Tampoco será tu porción si no es tu bien principal. Si te parece que otra cosa puede ser más o tan conveniente como

Él, entonces no sería tu todo. Es necesario considerar que el hombre es como una esponja que siempre está absorbiendo; tiene una sed continua y está hecho para vivir en dependencia de otros porque es imposible vivir aislado, necesitas comida, ropa, amigos y muchas cosas más. Fuiste creado como un ser dependiente. De todas las porciones que puedas encontrar en este mundo, ninguna será como Dios mismo. Solamente Él satisface todas tus necesidades y llena las capacidades de tu alma.

Ten, pues, fe en la promesa de que nuestro Dios es nuestro pastor, nada nos faltará y nunca más tendremos sed (Sal. 23:1; Juan 4:14). Mientas que el resto de la humanidad se podría contentar con flores, tu caso será diferente porque serán tuyos los frutos del árbol divino. Eso significa que no tendremos descanso en esta tierra ni en el otro mundo, a menos que Dios sea nuestra porción. El disfrute que ofrecen todas las cosas termina dejando un sabor amargo, insatisfacción o vacío en el alma, pero no así disfrutar al Señor. Por lo tanto, el creyente toma a Dios como su porción. Tómalo también como la tuya.

La segunda lección es que Dios será tu porción cuando tus pensamientos del Señor sean agradables, estimables y hermosos. Hay ocasiones en que se considera que los pensamientos son agradables cuando se imaginan cuantiosos ingresos de dinero, cuando nos honran los semejantes o cuando tenemos una idea de un placer intenso y excitante. Los pensamientos humanos más íntimos o secretos no son para el Creador, sino que se frotan las manos agasajando su imaginación con poseer muchos bienes y un sitial de gloria en la sociedad. Para ese corazón, las criaturas son su deleite y no Dios. Por el contrario, las corrientes de pensamiento del creyente corren en otra dirección. Para el salmista nada era más agradable que pensar en Dios y en Su hermosura. Sin duda, una persona se conoce por sus intereses y selecciones:

Séale agradable mi meditación;
Yo me alegraré en el Señor.
Salmo 104:34

Cuando en mi lecho me acuerdo de Ti,
En Ti medito durante las vigilias de la noche.
Porque Tú has sido mi ayuda,
Y a la sombra de Tus alas canto gozoso.
Salmo 63:6-7

La tercera lección es que las pruebas no te deben llevar a buscar refugio en las criaturas sino en Dios. Ya hemos visto una y otra vez cómo David aprendió a confiar en el Señor en medio de las pruebas más terribles. En alguna oportunidad, se vio abrumado porque su vida corría peligro, pero nuevamente confió en el Señor:

> Y David estaba muy angustiado porque la gente hablaba de apedrearlo, pues todo el pueblo estaba

amargado, cada uno a causa de sus hijos y de sus hijas.
Pero David se fortaleció en el SEÑOR su Dios.
1 Samuel 30:6

Un montón de piedras venía sobre él y se refugió bajo las alas del Omnipotente. Esta decisión de tener a Dios como su porción y la fuente de su esperanza y confianza fue la decisión de David una y otra vez porque las pruebas son una realidad latente en la vida humana y su vida no fue la excepción a esa regla:

Mira a la derecha, y ve,
Porque no hay quien me tome en cuenta;
No hay refugio para mí;
No hay quien cuide de mi alma,
A Ti he clamado, Señor;
Dije: «Tú eres mi refugio,
Mi porción en la tierra de los vivientes».
Salmo 142:4-5

La persona natural es diferente. Por ejemplo, si se enfermara, su esperanza no estará en primer lugar en Dios, sino en la capacidad de un buen médico y en los equipos más avanzados disponibles. La razón es evidente porque no conoce a su Creador y por eso la criatura le resulta más importante que Dios.

La cuarta lección es que si Dios es tu porción, entonces no habrá pérdida mayor que la de Su favor. David fue un hombre que conoció problemas y fracasos, pero ninguna calamidad era para él tan terrible como perder el favor de Dios:

En cuanto a mí, en mi prosperidad dije:
«Jamás seré conmovido».
Oh, Señor, con Tu favor has hecho que mi
monte permanezca fuerte;
Tú escondiste Tu rostro, fui conturbado»
Salmo 30:6-7

La palabra «conturbar» significa ser grandemente atormentado o aterrorizado. La vida de un verdadero creyente depende del favor de Cristo, así como, por ejemplo, las plantas y las flores solo pueden vivir del sol de cada día. Job había perdido sus bienes y familia, pero con todo dijo: «El Señor dio y el Señor quitó; bendito sea el nombre del Señor» (Job 1:21). Sin embargo, cuando sintió que había perdido el favor de Dios, ya no habló como antes, sino con gran amargura:

Entonces Job respondió:
«¡Oh, si pudiera pesarse mi sufrimiento,
Y ponerse en la balanza junto con
mi calamidad!

Porque pesarían ahora más
que la arena de los mares;
Por eso mis palabras han sido precipitadas.
Porque las flechas del Todopoderoso
están clavadas en mí,
Cuyo veneno bebe mi espíritu;
Contra mí se juntan los terrores de Dios.
¿Acaso rebuzna el asno montés
junto a su hierba,
O muge el buey junto a su forraje?»
(Job 6:1-5)

Para ese hombre su porción era Dios y se satisfacía solo en el Señor, como suele decir John Piper. Todos debemos saber que quien tenga a Dios como su porción es honrado aun cuando vista harapos y coma gusanos del campo porque, como dice el salmista: «En cuanto a los santos que están en la tierra, ellos son los nobles en quienes está toda mi delicia» (Sal. 16:3). ¡ALELUYA!

Aplicación final

En primer lugar, si dices que has escogido a Dios como tu porción, entonces debes manifestarlo con una vida de santidad obediente. Así como usamos el teléfono para comunicarnos y mantener comunicación verbal con un amigo, la comunión con Dios se da por medio de una vida santa o de obediencia a Su palabra:

El Señor es mi porción;
He prometido guardar Tus palabras.
Salmo 119:57

Este mismo concepto lo afirma en el Nuevo Testamento con un lenguaje más práctico el apóstol Juan: «Si decimos que tenemos comunión con Él, pero andamos en tinieblas, mentimos y no practicamos la verdad. Pero si andamos en la Luz, como Él está en Luz, tenemos comunión los unos con los otros, y la sangre de Jesús Su Hijo nos limpia de todo pecado» (1 Jn. 1:6-7). Si no tenemos el debido cuidado de agradar a Dios, no será posible decir que el Señor es nuestra porción. El marido que no tiene cuidado de agradar a su esposa no puede decir que ella es su porción como su esposa. El que ama a Cristo, ama Su palabra y tendrá el debido cuidado de medir sus acciones como el único medio de expresión de tal amor. Un descuido debilitaría el supuesto consuelo que el alma dice haber encontrado en Dios como su porción.

En segundo lugar, la maldición divina cayó sobre toda la tierra cuando el hombre cayó en pecado. Como consecuencia, los goces, los placeres, los trabajos, las riquezas y los disfrutes están bajo maldición. Todo lo que se pueda acumular en bienes sobre la tierra no pasa de ser pura vanidad, porque no llenan el enorme vacío que hay en su alma. La única solución es satisfacer el alma en Dios o que Cristo sea su porción. Amigo lector, la maldición del pecado está en tu corazón cuando llamas deleite a lo que tu Creador llama pecado. Te aseguro que si no tomas a Dios como tu porción, lo que hoy te parece gozo, después será tormento sin fin en el infierno. Busca hoy la salvación de tu alma por la obra de Jesucristo presentada en el evangelio y Dios será tu porción desde ahora y para siempre. Amén.